U0070783

南懷瑾文化

懷師的四十八本書

劉雨虹 著

出版說明

本書收集了四十八篇有關懷師著述的出版說明，外加為其他著述所寫的出版說明，總計七十七篇，皆為本社總編輯劉雨虹女士所撰寫，對懷師的著述頗有簡介的作用，對讀者而言，也可能有選讀懷師著述的方便。

為出版說明寫出版說明，真妙事也。

編輯室

二〇二〇年元月二日

目錄

第一部分　南懷瑾先生著述部分

第二部分　劉雨虹女士編著部分

第三部分　其他人著述部分

第一部分

南懷瑾先生著述部分

1《習禪錄影》

《習禪錄影》編者的話

本書編輯的完成，首先要感謝淨名學舍前期同學們的惠賜。他們留給我們從錄音帶整理下來大部分的記錄，以及各人零星片段的筆記，使我們從斷簡殘編中窺見二十年來斷斷續續的禪七景象，與懷師的開示講解。這些記錄，久已被懷師所廢棄在故紙堆裡，認為是不值一提的賸語，但卻是我們後期同學們所珍視的語珠唾玉，得之如獲至寶。因此，盡心查對整理，極其可能的保留原狀。

本書現在能夠呈現在諸位面前，說來也頗不容易，除了前期同學們的記錄心血之外，我們又花了半年的時間，才編輯完成。但在出版付印之前，當然先要呈似懷師，請求准許出書。而懷師仍然認為不可。原因歸納為下列五點：

（一）來台灣二十多年，雖然情非得已，主持了七八次的禪七，但並沒有真正提持禪門宗旨。如果把這些記錄，當作傳統的禪宗法門，反而變成以盲引盲，容易誤人，此其不可者一。

（二）每次參加禪七同參，大多數開始並無佛學影像，更無學佛的基礎。而且來自各界各業，年齡、性別、學歷、經歷、思想、興趣、種種不同。甚至多為好奇心理，或為帶藝投師，已經修學一些道家方術、密宗等法門，統統都不一律。故懷師所開示講錄，觀機施教，不免很多駁雜旁蕪的講話，容易產生流弊。三祖所謂：「纔有是非，紛然失心。」此其不可者二。

（三）宗門風格與宗師授受作略，由唐宋元明清以來，一變再變。例如南宋以後，參話頭之風興起。清初以來，打七之風大行。日本臨濟宗的末流，以參公案為主：曹洞宗的末流，以默照為尚。是非紛紜，莫衷一是。懷師為現代人，用現代的方便設施，似皆大相徑庭，容易發生人法意見。此其不可者三。

（四）宗門自南宋以後，大慧宗杲禪師、揚州田素庵居士，皆喜手執竹篦接人：懷師在禪七時期，常用香板作為主七的方便。可是有些學人，已經學習用香板的皮相方便來接引初機，這一香板子禪，實在流弊太大。此其不可者四。

（五）現代學術思想，茫然紊亂。佛門派別意見，更如水火之不相容。懷師二十多年來，雖然沒有杜門謝客，但深自韜晦，與諸方從來不通往返。直到目前為止，足以入室盤桓的友人，仍然寥寥無幾。然而愛惡不同，引起別人太多的煩惱。如果此書問世，更成話柄。禪非禪，道非道，恐怕使別人帶來更多的嗔恨，何苦多此一舉。此其不可者五。

儘管師意如此，但我們的編輯工作，雖說不是晝夜辛勤，至少絕未懈怠。因此，改變了懷師的初衷，最後終算付之一笑。我們便以笑罵由他笑罵，高興自我為之的心情，決定了付印。

不過，有一件非常抱歉的事，就是對諸位曾經參加過禪七的同參，問答對話，以及當場事實，儘量保留原來情況，但都不敢直用本名。因為事先並未徵得同意，所以只有以姓氏為準。而且懷師向來謙虛，認為大家都是朋友，並沒有一個真正的學生，所以我們也不敢擅自作主。因此，在此特致歉意。讓我們套用一句俗話來說：敬請原諒。

中華民國六十四年歲次乙卯孟冬

2《道家密宗與東方神祕學》

《道家密宗與東方神祕學》編輯前言

密義深奧，丹訣難解，數千年來參究內宗專一修行之士，每每望之興嘆，或滯殼迷封，或誤入歧途。蓋皆以不得明師指點，盲修瞎煉，妄自徒勞為憾。然宗教神祕之學，並未因此而泯滅，反而以其神祕莫解而轟動流行於末法之近世。牽強附會，妄引仙訣法要，與人實法，甚或假之聚眾斂財，其流弊所及亦大矣！此殆非先賢密法傳世之本義哉！

有云：二十一世紀將為精神病籠罩之時代。近年來因宗教之誤而精神失常，求藥於南師處之患者亦多矣！大抵皆以不明密法之真義，缺乏正知正見，以勘破宗教神祕儀式之假相，遂陷入思想混亂分裂狀態而不能自拔，悲哉！殊可憐，復可愍也。

敝公司有感於此，遂收集歷年來南師有關神仙丹道及密法理事相關之著作及講記，編輯成冊，再三求請，終獲南師之姑准，排印出書，但願有利於真誠向道修行之士，獲正知見，證無所得，知所歸依，是為心馨所禱者也。

中華民國七十四年七月十五日　謹誌

《道家密宗與東方神祕學》出版說明

一九八五年，在南師懷瑾先生離臺赴美前，這本書才完成了編輯出版。

本書的內容，並非講課記錄，而是南師親自撰寫的。自一九七一年五月起，各篇陸續刊登於《人文世界》月刊，共約一年之久。

原文題目本是「道家密宗與西方神祕學」，但當時的編輯陳君，除把各篇編輯為講述外，也把題目中的「西方神祕學」改為「東方神祕學」，大概因為內容涉及東方的神祕較多之故。

此次在多年後訂正再版之際，重新編排，恢復原來文章全貌，書中大小標題，除保留南師原始標題外，編者根據內容另於各章節處增添小標題，以方便讀者對內文的瞭解。

本書內容各篇，雖為南師四十多年前的著述，今日重讀，深感其文字簡約，內容豐富，條理清晰，令人對密宗及各方面，有豁然開朗之感，對於學文化，學密法，學佛法的讀者來說，本書也許可以視為不可或缺的吧。

本書在重編過程中，晏浩學友協助訂正工作，在此特別感謝他了。

劉雨虹　記

二〇一八年秋月

3《易經雜說》

《易經雜說》再版前言

本書出版後，讀者響應的熱烈，非常超過預料，短期中即銷售一空。事實上，這本書能夠出版，也是因為讀者熱烈要求的結果。

本書是南懷瑾教授的講課記錄，時間是一九七五年的冬季，因係隨興而講，並未準備出版。

近年來，台灣及海外華人，研究《易經》的風氣越來越盛，而來函詢問南師《易經》講記的人士，更是越來越多。因此之故，本社即著手將《易經》講演錄音整理出書。

但因南師遊方海外，本書出版前，未能經其過目。又因時間關係，初版匆匆，其中或有錯誤及不暢之處，值此再版機緣，雖加修訂，仍嫌未能詳盡，卻再因讀者催促，又匆匆付印。

這樣一本書，受著需求的影響，雖欲求其完美尚不能如願。這，不能不算是一件奇事。

故而，只好趁再版機緣，敬請高明指教並讀者原諒了。

（按：此書於一九八八年十一月再版）

《易經雜說》四版說明

《易經雜說》一書，因出版時間匆促，錯誤難免，故而每次再版都又詳加修訂，現在是第四版的訂正了，希望能更臻完善。

本書出版以來，讀者不斷詢問第二集出版日期。事實上我們一直忙於整理作者另一部《易經》講集，就是孔子的《繫傳》。

現在《易經雜說》第二集已進入排版階段了，預計年底前出書，敬請讀者企待。

（按：此書於一九九〇年六月四版）

《易經雜說》第五版說明

本書出版未幾，即已五版問世，可見它是多麼適合社會大眾需要的一本書。我們原計劃是將作者南懷瑾先生有關《易經》的講演用《易經雜說》（一）（二）（三）等方式出版，迨第（二）集打印完成，發現我們原來的想法錯了。擬出版的《易經雜說》（二）是作者對孔子〈繫傳〉完整的演講記錄，如以「雜說」方式出版，似欠允妥。幾經研究，爰以《易經繫傳別講》與讀者見面，本書今後仍以《易經雜說》發行，不再出版續冊。設想不周之處，敬請讀者見諒！

劉雨虹　記
一九九一年

《易經雜說》第六版說明

《易經》的道理雖云淺顯，卻又頗為深奧，講課時因有語氣及肢體語言為助，聽眾的領悟較易，改成文字後，則常感有欠清晰。本書出版時因客觀因素，未能詳加審閱，故後有多次修訂之舉。

本書原由蔡策先生根據其筆記參酌錄音整理而成，再由闫修篆先生協助校閱，並核對原典。小標題乃陳世志先生（時任老古經理）及闫氏合力而為。

五版及六版的修訂，乃闫氏於出差旅途中所完成。由於闫氏對易學之愛好，為便於讀者瞭解故，再作此最後之修訂。

在六版付印前夕，略追記本書出版之經過，並向前述蔡、閆、陳等先生之貢獻心力致謝。

劉雨虹　記

一九九四年七月

《易經雜說》二〇一八年新版說明

首先要說明的是，由於過去多年來，這本書的版次說明頗不統一，此次則由南懷瑾文化，於出版前，重新全盤校訂，故而特別標明是二〇一八年的最新版本。

這本書是一九八七年首印出版的，由於當時的講解，是對一般初學之眾，故而內容屬於入門的基礎介紹，淺顯易懂，且因講解偏重文哲方面，涉及傳統文化亦廣。

三十年後的今天，於修訂重讀之際，始發覺其內容對身心修養方面的重要性，而禪宗藕益大師之《周易禪解》，以及道家《參同契》一書，亦早釋此理，只因編者愚昧不知而已。

不論是否學易，以編者拙見，但讀此書中之講解，就會得到不少啟發了。

南師辭世後，所有新舊著述，已改由新設之「南懷瑾文化」出版發行。

本書的出版，晏浩學友幫忙甚多，特此向他致謝。

劉雨虹　記

二〇一八年春月

4《如何修證佛法》

《如何修證佛法》編者的話

（一）一九七八年的春季，本書作者南懷瑾教授，正在台北閉關，嗣因某種因緣，抽暇作系列講座，共廿八次。

（二）這是南教授最重要著述之一，對實際學佛修證的步驟，有精闢的講解及具體的指引，是絕對的過來人語。

（三）雖然作者曾表示，所講的內容僅為要說的五分之一，但是讀到本書，對於一個真心修學佛法、誠心求證的人，已是受益無窮了。

（四）本書最大的特點是：對於修持路上的迷惑、歧路，以及不自覺的錯誤，都一一點破。

（五）讀者也許會感覺，內容有偶而重覆之處，因係講課方式，加重注意，故不加任何刪編，以保持全貌，並儘量保持講課時的口語化，使讀者有身臨其境之感。

（六）本書係禪定師聽課筆記，再配合錄音整理而成，並經法程師及謝錦揚居士校核經典，以及李淑君居士整閱全文，最後由劉雨虹居士總其成，並加標內容提要。在作者離台時期，本書能夠順利出版，實得力於前述幾位貢獻心力，在此一併致謝。並請各方不吝指正。

（七）本書原名是：《融會顯密圓通修證次第》，因避免與其他經論混淆，改為較淺顯的現在書名。

（按：此書於一九八九年八月初版）

《如何修證佛法》再版前言

本書出版後所得到的迴響，非常熱烈驚人，給我們這些從事錄音變成文字工作的人，很大的鼓舞；也使我們很樂意的加緊腳步，繼續努力。

本書在初版中，有不少錯誤，其中多數是標點符號，字體排列等，算是無傷大雅。但是有些卻很嚴重，例如三七九頁倒數第六行（現為下冊一六四頁第五行）：

「原來只是舊時人，不改舊時行履處。」其中「改」字錯了，應更正為「是」。

這是原書印錯了，我們在引用時疏忽，未加修訂，正確的說法是：「原來只是舊時人，不是舊時行履處。」這句話在《指月錄》原始的記載是：「不異舊時人，但異舊時行履處。」

趁此再版機緣，除訂正外，並向讀者致歉。

《如何修證佛法》九版說明

（按：此書於一九九〇年五月再版）

《如何修證佛法》這本書，是一九八九年出版的，次年就受到美國學界的注意，很快譯成了英文，書名為《Working Toward Enlightenment》，並已於一九九三年由美國Samuel Weiser公司出版上半部，下半部將於今年年底問世。

把這本書翻譯成英文的人，是傑西克里瑞（J.C. Cleary），他與湯瑪士克里瑞（Thomas Cleary）二人，是美國翻譯界有名的兩兄弟，他倆廿多年前在哈佛大學畢業時，立志要從事東方文化的翻譯工作，當時也曾有人笑他們的選擇平凡；但是十幾年來，湯瑪士已經翻譯了卅多本中國的古籍，包括《周易》《孫子兵法》《道德經》《孫不二女丹》《悟真篇》，以及八十卷的《華嚴經》等，成效驚人，歎為觀止。本書是傑西所譯，湯瑪士則翻譯南教授另一本書《禪與道概論》，已經完工，將於明年出版。傑西的譯作雖不及乃兄那麼多，但也是優秀的翻譯家。

湯瑪士在給包卓立（Bill Bodri，是本書英譯本序言的作者）的信中，談到一九八〇年開始閱及南懷瑾教授的著作，認為南氏的學術寬廣博大，並融通各家，既有理論，更有實證，為時代所罕見。他並且強調，本書英譯本出版後，將對西方造成震撼，因為南氏的講解和表達，是前無古人的。

湯瑪士克里瑞，除了幾十本東方文化的譯作外，另有自己所著《日本人的兵法》（《The Japanese Art of War》）一書。該書不久前已譯成中文，由台灣金禾出版社印行。

印度在釋迦牟尼滅度後九百年間，也有一對兄弟，就是無著、世親（《俱舍論》的作者）二人。這兩弟兄著作極豐，對佛法的發揚影響至巨。有人戲稱，克里瑞兩弟兄，是無著、世親二人轉世，只不過，這次是到美國，繼續他們宏揚東方文化的工作。

本書出版五年以來，已銷售近五萬冊，去年三月，又授權北京師範大學出版社，以簡體字在大陸印行，一年之中已發行三萬餘冊。受歡迎的程度，可見一斑。在今日的社會中，看到這麼多的人注重身心修養，真是令人欣慰的一樁事。

對本書貢獻心力的人很多，最初幫忙抄稿的邢慧女士，亦為其中之一，初版時漏列，趁此新版機緣，附筆致意。

劉雨虹　記

一九九四年七月

《如何修證佛法》十版前言

看到二十多年前（一九八九年）出版的這本《如何修證佛法》，不免想起三十多年前（一九七八年）的三月。當時南師懷瑾先生閉關已滿一年，即將於三月廿一日，在台北的佛光別院講課，是有關「融會顯密圓通修證次第」這本書。聽到這個消息後，我匆匆從美國趕回台灣，當時還有其他分頭回台聽課的人。

這次講課的記錄，陰錯陽差，卻在十年後才得以出版。南師一九八八年由美國到了香港，有一天，託陳世志回台時帶記錄稿交我整理出版。記得想了好幾個書名，後由南師選定《如何修證佛法》。

這本書出版四年後，大陸才有簡體字版印行，先後由北京師範大學出版社，及上海復旦大學出版社出版，惟謬誤頗多。

此次重新校正並調整版面，正體字版改為上下二冊印行，以方便閱讀。簡體字版則授權北京東方出版社印行。正體簡體兩種版本，也同步校訂，務求無瑕。

多謝參與工作的友好們，大家辛苦了，特別感謝王愛華和宏忍師的辛勞，因為這次的工作實在太繁瑣了。

劉雨虹　記

二〇一六年冬月

5《易經繫傳別講》

《易經繫傳別講》出版說明

《易經雜說》出版已兩年多了，印行到四版，一直受到讀者極大的歡迎，為此之故，我們加緊整理南大師一九八四年另一系列講座的記錄，內容是《周易・繫辭》上下傳全部。

在前出版的《易經雜說》一書中，也涉及到部分〈繫傳〉的內容，但是，《雜說》內容廣泛可使讀者瞭解《易經》的全貌，而本書則是後來完整的〈繫傳〉講錄內容；系統地介紹了孔子研究《易經》的心得，雖與《雜說》略有重疊，並不是重複，反而更得深廣解說之妙。

本書內容包含了政治藝術，身心修養之道，人文文化最高的哲理，以及作人做事的智慧之學。讀了這本書，你會發現《易經》是很平易的一種學問，是人人都需要的一種學問。最重要的是，本書會使你豁然開朗，智慧大增。

這本書能與讀者見面，閆修篆先生功不可沒，是他在百忙中，抽暇整理錄音記錄完成本書，因為時間的因素，本書未交作者過目，請讀者原諒。

劉雨虹　記

一九九一年二月

6《中國文化泛言》

《中國文化泛言》再版說明

本書原名《序集》，收集了南懷瑾先生多年來為各書所寫的序。現於再版之際，為更切合實際，爰斟酌其內容，更名為《中國文化泛言》，並予分門別類，重新編排，俾讀者檢閱方便，對同一問題，不必翻竟全書，即可獲得更為廣泛、深入之概念；同時另增加〈中國醫藥學術與道家之關係〉等篇，以充實其內容，增加其篇幅，較之原書有足者。

本書內容觸涉龐多，如能細心讀之，無論於儒、釋、道各家學說，乃至中西文化、社會發展、歷史經驗等，咸能攝要鉤玄、舉其綱領、擷其法要，學者讀此一書，於諸家學說，非獨可窺全貌，且有登泰山而小天下之感，所謂綱舉目張，條貫井然曠然在目矣。

一九九一年九月

7《圓覺經略說》

《圓覺經略說》出版說明

本書是南懷瑾教授於民國七十二年（西元一九八三年），在台北十方叢林書院講述《圓覺經》的記錄，由古國治同學負責整理校對。在未完稿前，曾陸續在《十方》雜誌連載，獲得廣大讀者們的熱烈迴響，紛紛要求儘早出書。如今，這本書終於完成，我們希望對於海內外的學佛人士有些助益。

佛稱我們的世界為娑婆世界，意謂缺憾不美滿，是充滿痛苦的。所以許許多多的人想從佛教或佛學中，求得心靈上的慰藉，或尋找解脫痛苦的方法。看到這樣的現象，我們一則以喜，一則以憂。喜的是人們終於接觸到難得難聞的佛法，好不容易在茫茫苦海中找到了慈航；憂的是人們對於佛法不知如何下手。有的認為佛經艱深難懂而不敢閱讀，有的唯恐走火入魔而不敢修行，即使修行亦抓不住要點，有的則到處聽經聽演講求祕訣求灌頂，對於真正的佛法卻未能得利，這真如釋迦牟尼佛所說：至可憐憫者眾生。

《圓覺經》是了義經，這是可以徹底解決人生痛苦煩惱的經典，這是指引如何修行成佛的經典，而且經文文字優美，讀來真是一大享受。這部經透過南懷瑾教授深入淺出的講解，對初學者而言，淺顯易懂，沒有文字上的障礙，可作為學佛之入門；對於有心習禪或參研佛法者而言，書中有多處如何明心見性的明白指示；至於修行上的諸多問題，如修止、修觀、修禪那，亦作了原則性重點的提示。所以，無論是頓悟或漸修，在見地、修證及行願上，均詳細舉例說明。然而，站在南懷瑾教授的立場而言，對於此部大經，還祇是略說而已。

最後，我們衷心期待讀者透過這本書能夠獲得正知正見，解脫煩惱無罣礙；能夠經過聞思修慧，依教奉行入覺海；即便不能，至少能夠管窺佛法之大概。如此則不負釋迦牟尼佛當年說法之初衷，不負十二位圓覺菩薩之悲願矣！

（按：此書於一九九二年七月初版）

8《金剛經說甚麼》

《金剛經說甚麼》出版說明

南懷瑾教授在台的數十年教化歲月中，曾經多次講解《金剛經》；因時代不同，對象不同，講解的方式和重點也各次不同。

現在的這一本書，是一九八〇年的講記。當時十方書院甫自成立，《金剛經》這一門課程，是為書院的學員及研究生而開，其他院校哲學系的同學，以及許多老修行們，常隨眾等，亦聞風而來，聽講者共約一百餘人。每逢上課時間，復青大廈的十一樓，擠得水泄不通。

由於這次的聽眾，對佛學都有相當基礎，對《金剛經》尤不陌生，故此，懷師的講法深入骨髓，可說是歎未曾有！真正是：為上乘者說，為最上乘者說！

一九七八年懷師講了「如何修證佛法」，兩年後再講《金剛經》。因機緣特殊，對經中的疑問及似解難解之處，剖析得淋漓盡致；讀後雖不悟，亦得其門矣！

感謝永會師及圓觀師先行錄音記錄，再由劉雨虹女士整理並加標小題；宏忍師及李素美小姐等多人幫忙校對，在此一併致謝。

由於《金剛經》的超越哲學及宗教的特性，懷師定了一個平凡的書名《金剛經說甚麼》。

師曰平凡，即非平凡，是名平凡。

一九九二年八月

《金剛經說甚麼》再版說明

這本書在初版時，有些急就章，以致版面、字體等，多處都不盡理想，雖計劃重新校編，卻未料七年後始克如願。

在這七年中，這本書得到讀者們的巨大共鳴，不但在台港暢銷，更在大陸暢銷，由此可見《金剛經》千餘年來在中國文化上的重要地位。

經文中有一句說：「云何應住？云何降伏其心？」這句話通達儒家以及任何學派的修養教化。類此的還很多，所以說《金剛經》是超越宗教的，也是最上乘的。

又因《金剛經》的經文難懂，而南老師的講解出神入化，淺顯易明，所以受到讀者們的歡迎。

有讀者曾對經文提出異議，《金剛經》的譯文版本有好幾種，大同小異，這本書所採用的，是鳩摩羅什的譯本。

本書再版過程中，李淑君細心校正，使書中微末細節處，更加清晰明瞭，功不可沒。其他幫忙的人也很多，在此一併向他們致謝。

劉雨虹　記

一九九九年十一月台北

《金剛經說甚麼》新版說明

《金剛經說甚麼》這本書，是二十多年前（一九九二年）首次出版的，七年後（一九九九年）曾經修訂再版。在我整理此書講記的過程中，因為前前後後，翻來覆去看過幾十遍了，所以出版成書後就不想再看了。

想不到此書問世後，立刻成為出版社暢銷排行第一名，且遙遙領先第二名。後來簡體字版也同樣暢銷，並且歷久不衰。這個現象充分說明了一件事，就是《金剛經》在中華文化中　所受到的重視，以及在人們心目中的特殊地位。

二十多年後，在重新校訂由台灣南懷瑾文化出版（東方出版社出版簡體字版）之際，再讀此書，心中感慨萬千，因為經過二十多年的苦樂人生，始能稍解先生所講之深義，真理是在平常日用之中。

本書前半部是講理，後半部是講修行。人道完成，抱本參研而行，就是走上超凡入聖的大道了。這也就是《金剛經》的可貴之處吧。

重讀這本書，發現頗有須加修訂之處，並非內義有任何不妥，因為書稿是經過先生親自審閱過的，只是有些文句似乎易生錯解，有些文辭略欠清晰罷了，當然錯別字也在所難免，還有把須菩提說的一句，錯解為佛說的。

再三重讀本書之餘，特別覺得不可忽略的是，全書最後的總結，以及先生每品的偈頌，令人有畫龍點睛之感。

此次修訂後，分上下兩冊印刷，十六品之前講道理，為上冊；十七品之後講修行，為下冊。字體稍大，以便利閱讀。

參加修訂、校對工作的，仍是老學友們，彭敬、牟煉、宏忍師等，工作總算完成了，謝天謝地！

劉雨虹　記

二〇一四年十二月

9《藥師經的濟世觀》

《藥師經的濟世觀》出版說明

許多書的出版，背後常有一個小故事，這本書也不例外。

兩年前的一天，我對在美國的永會師和圓觀師說，希望她們能抽暇做一樁事，就是把南老師講《藥師經》的錄音，用文字先記錄下來。她們欣然允諾，數月後即完工，託人帶到台北。

在此之時，另有一位王施予女士，自動發心，也把《藥師經》作了整理。

因鑑於古國治同學在百忙中獨力整理《圓覺經》的精神和毅力，編者就特別找他商量，請他擔任總其成的整理工作，並附加了兩個條件。第一要保持南老師講課的風味，不要把講課文章化。第二限時半年交卷。他當時很爽快的答應了，後來也都做到了。在此要特別感謝他們幾位的努力。

南師懷瑾先生，在台灣講過的經典頗多，其中有些更曾多次講述，如《楞嚴經》《金剛經》《心經》等，而《藥師經》則較少講到。一九八一年為了十方書院的出家同學們，特別安排了《藥師經》。

藥師如來，顧名思義，大約是一位醫生如來，是專門治療我們身心疾病的佛。活在這個世界上的人們，多多少少都會害病，人人也都需要結識這位藥師佛。許多慢性病纏身的人，更要禮拜藥師佛，祈求藥方，希望早日痊癒。

藥師佛如何治我們的病？給我們什麼藥？能夠教給我們祛病強身長壽的方法嗎？這些都是人人有興趣，想知道的。

出家的同學們，因為肩負了救世度人的責任，故而南師在講解這本經典時，深入極微細處，並以自他人生經歷，舉例融會經義，諄諄告誡，處處提示，親切幽默，使人必能有所領悟。

南師更特別強調，《藥師經》的重點，在於藥師佛的十二大願。這十二大願顯示了真正偉大的救人濟世精神，也才是我們應該深入體會了解並且效法的。

古君不負所託，使這本書保持著南師講課時天馬行空、隨手拈來的韻味和風格。當編者校讀本書時，剎那間似乎又回到了昔日的講堂，讀到有趣味處，似乎還聽到講堂中同學們的笑聲……

看完這本書，你會發現，已經吃下一顆藥師佛的消災延壽丸了。

因南師未能過目原稿，最後由周勳男君細心審校，並寫後記，略述意見作讀者參考，另外曾幫忙校閱者還有姚海奇君，在此一併致謝。

本書經文部分，是根據太虛大師所著《藥師經講義》一書，台北佛教出版社印行。

劉雨虹　記

民國八十四年五月

《藥師經的濟世觀》再版說明

自從這本書在五年前出版後，我們時常接到讀者詢問的信件及電話，都是有關內容方面。

為此之故，我們又仔細的加以修訂，以使內容中的語句更加清楚，意思更能透徹表達，當然也改正了少許的錯別字。

參與修訂的人數不少，但出力最多的是李淑君，她甚至花了很多時間補充資料。現趁此再版因緣，特別向她及參與訂正的朋友們致謝。

劉雨虹　記

一九九九年十月台北

10《歷史的經驗》

《歷史的經驗》校訂版說明

這本書是在十年前出版的，三年前又授權在大陸印行簡體字版，出書後廣受讀者歡迎，得到很大的迴響。

後有北京陳四益先生，為文指出本書中有關〈晏子論權〉一節，講解似有偏差之處，南師懷瑾先生獲悉後，除立即致函陳君，感謝其熱心糾正外，並立囑編輯部重新校訂全書，修正疏失。為此也要向讀者致歉。

開始參加這次校訂工作的人，有閻修篆、周勳男、吳瓊恩及杜忠誥等諸先生。但最後獨挑大樑者，卻是杜忠誥先生一人了。

杜先生是在大學時代由《論語別裁》一書，開始與南師結緣的，後也曾從學南師。大學畢業後國外國內碩士而後博士，致力傳統文化藝術，孜孜不倦，成就斐然。近年來曾多次獲文藝獎，更為台灣著名書法家。此次在百忙中擔負校訂工作，盛情可感。

在新版印行之際，略述大概經過，並向參與過校訂工作的諸位先生致謝。

劉雨虹　記

一九九五年十一月台北

《歷史的經驗》出版説明

《歷史的經驗》這本書，已出版三十年了，它的背後還有一些曲折的故事和變化，可能鮮為人知。

南師懷瑾先生在一九七五年，受邀對一個文史團體「恒廬」，隨興講了一些歷史上的人事變遷和因果轉化。當時是由蔡策先生以中文速記做的記錄。但直到十年後的一九八五年，才略加整理出版，名為《歷史的經驗

（一）》。本書出版後一個月，南師就應邀離台赴美了。

由於這本書出版後，廣受歡迎，讀者紛紛詢問盼望第二本出版，於是匆忙中又出版了《歷史的經驗（二）》。可嘆的是，書中的內容是根據一位馮君的粗簡手記，並非蔡氏的記錄，所以問世後，遭到許多質疑。南師在美國得知後，即囑令收回停版。所以《歷史的經驗》只有一本，沒有了「（二）」。

九十年代初，曾有大陸資深媒體人批評，認為南師門下學子，對文字似嫌粗糙，南師還親自致函道歉，由我送達。

十年後的一九九六年，記得是由對古典經文有修養的閆修篆學長，將這本書再加修訂，作為二版印行。至今二十年又過去了。

此次與東方出版社編輯部同步，在簡體字和繁體字兩方面，對書中的人、事、年代等，重加檢校，以酬讀者們的愛護與支持。

最後要說的是：這是一本好書，講經典，也講故事，輕鬆易讀。

劉雨虹　記

二〇一五年冬月

11《原本大學微言》

《原本大學微言》出版說明

自從一九七六年《論語別裁》出版後，《孟子旁通》也於一九八四年問世。有關南懷瑾教授對「四書」的講解，引起了很大的迴響，尤其是年輕一代的讀者，反應最為熱烈。

嗣後讀者們不斷詢問關心，渴望讀到南著《大學》及《中庸》，以完成對「四書」的整體瞭解。十餘年來，南教授亦曾多次講解《大學》，現經由周勳男君，根據多次講演記錄，以及部分南教授手記，整編成冊，出版了這部《原本大學微言》。

僅僅千餘字的《大學》，講述整編為四十萬字的一部書，其講解之詳盡、涵蓋有關學養之廣闊，不言而喻。為此，周勳男君在編輯說明中為方便讀者計，提綱挈領加以說明，作為簡單的導讀。

劉雨虹
一九九八年三月

關於《原本大學微言》

南師懷瑾先生的《原本大學微言》一書，原是南師自己親自撰寫的，只不過是用講述的語氣而已。多年來，有不少讀者問過這個問題，因為這本書的文字、辭句，很多處不像是講課的整理。

可是，在出版說明和編輯說明中，為什麼說是整理的講記呢？

二〇一二年先生辭世後不久，我曾說過，南師每本書的前因後果，只要是我經手的，或知道的，我都要陸續加以說明，使讀者得以清楚瞭解因緣背景，其實也是一個交代。

老師曾多次公開講解《大學》，大約是一九九二或九三年，曾在香港面對少數聽眾，講過全部《大學》，本來是計劃整理成冊出版的。但是，整理「四書」之類的講記，極不容易，必須多少有些古典文化的學養，才比較方便。尤其先生在講課時，涉及古典文化太廣太深，舉凡歷史、經典、諸子百家等，皆隨手拈來，如果對典籍較少涉獵的話，記錄起來是頗為困難的，更不要說整理成書了。

在多次不成功後，我曾建議先生，還是自己寫吧！

一九九六年春，先生開始寫了，是用講話的語氣撰寫的。這次寫書，不可能像寫《禪海蠡測》那樣寫了，因為環境不同，年齡不同，心情不同，條件也不同。

老師用講解的口吻，寫《原本大學微言》，一方面不必像寫文章那樣嚴謹，另一方面有空間可以修改。先生每日深夜寫二、三千字左右，次晨由宏忍師帶至辦公室打字。由於這個稿子的因緣，宏忍師才開始學習用計算機的。

一九九七年春夏之交，周勳男與我，在海南聽完王財貫先生有關讀經的講演後，再到香港，先生當眾拿出所寫的書稿，對我們兩個說：你們二人帶回台灣整理吧！我說，兩個人做一件事反而麻煩，由周勳男整理就好了。

回到台灣不久，老師就開始關心整理的進度，幾乎三天五天就打電話問我。因為周勳男是慢工出細活的作風，最後完工後，他又說要寫一個編輯說明時，老師等不及了，並吩咐我寫一個出版說明就好了，趕快出版。

我匆忙寫了出版說明，又傳真到香港，經老師認可後，周勳男的編輯說明也寫好了。他的說明寫得很好，等於是一篇導讀，老師也認為不錯，但老師仍堅持出版說明不撤銷。於是這本《原本大學微言》，就在一九九八年出版了。

當這本書印好後，老師對自己的封面題字不滿意，內容版面字體也不喜歡，又有些錯誤之處，於是又重新設計，改正錯字重新印刷。

十六年過去了，現在經各方會同努力，重新訂正偏差錯誤，在新版印行之際，回憶以往經過，不免略加述說，聊以為記。

劉雨虹

二〇一四年夏

12《現代學佛者修證對話》

《現代學佛者修證對話》出版說明

一九九六年春，美國的包卓立（William Bodri）先生，向南師懷瑾先生提出佛法修證過程中的諸多問題，而引起了一連數月的談論對話。這兩本集子，就是那次對話的記錄。

包卓立先生，原就讀康乃爾大學博士班時，即服務於紐約華爾街，他曾經學佛法密宗，一九八六年在美國與南師晤面後，旋即辭去華爾街的高薪工作，專心從南師修學佛法。十幾年來，其成就自不待言，並有著作在美及台灣出版（註一）。

包卓立深感美國人士學佛學密，良師難遇，困難重重，他對當時在美國流行的一本有關密宗修拙火記錄的書（The Kundalini Experience）（註二），頗有疑問，故而特別請教南師。也由於另一個特殊的機緣，他看到了西藏貢噶活佛（註三）頒發給南師的證書，知道南師是西藏密宗各宗派認可的上師，故而要請南師講解並評論這本美國修拙火定書中的問題。

在對話的過程中，南師的解析涵蓋頗廣，一併提出研究的，還有西藏密宗有成就者的修行經歷。這些問題的提出，和南師的分析評論，解答了許多學佛修行者的疑慮，對密宗的修行者，解惑尤甚。

更要特別提醒讀者們的是，在研討後，南師接著為修證佛法的行者們，講解了《大乘廣五蘊論》，並從《楞嚴經》中，抽出與五蘊解脫有關的章節，加以配合詳細的講解，俾使修持佛法的人們，明瞭五蘊解脫的根本性及重要性，以及修行解脫的方法和步驟。

對學佛修行的人來說，南師講解五蘊解脫這部分，是劃時代的重大貢獻，這是許多老修行們的一致想法與感受。

因為在本書的編校過程中，曾有好幾位真修實證的朋友們參與，大家一致認為，抱著這本書修行，疑問都有解答，而且不會迷路，更要緊的是不會入魔了。

現代修行人最大的苦惱是，佛的經典看不懂，雖然有許多大師們中規中矩的講解，但要落實在修持上，常常感到難以著力。

舉例來說，「觀想」這句話，法師們的講法是：「想是用情，觀是用慧」，聽起來這個解釋十全十美，但什麼是用慧？又怎麼能有慧？令人仍是無所適從。

但在這本書下集中，南師懷瑾先生，排除宗教字眼，具體說明如何觀想，修行人應如何去做，這也不過只是一個例子而已。

古人說抱本參禪可以悟道，現代人在忙碌的生活中，哪有抱本參禪的機緣？只能在是生活中漸修，這本五蘊解脫的書，恰好正是大家所需要的。因為南師數十年講經說法，固然道盡了各種法門，但這一次不同，是應修行者提問而講，是集中有條理的深入說法，使修行人能瞭解修持步驟，能正確判斷自己的進度，不會再誤以為自己已經成功了。

南師此次一連串宗教系列的講解和對話，分成上下兩集印行，上集是專門評析美國與西藏的密宗修行經驗。由於近年來，研究及修學密宗的人頗眾，尤以美國為最，南師與包卓立的對話，可能糾正許多時下學密法的不正確觀念。

下集內容是五蘊解脫修證，我們為這本集子的出版歡喜讚歎，真正修證佛法的朋友們，抱著這本書，可以走上康莊大道了。

在出版過程中，承蒙許多朋友的協助。先是香港大學的趙海英教授，擔任口譯的工作，並做記錄及初步的整理。李素美居士，也曾擔任部分的口譯工作，其他如杭紀東教授、宏忍法師及歐陽哲，以及幾位不肯具名的老修行們，或幫助查核資料，或對照經典，或校閱書稿等，對這兩本書的出版，盡力很多，在此對他們一併致答感謝之忱。

由於南師懷瑾先生目前工作極為繁重，故本書尚未經其過目，特此聲明。

在本書付印之際，忽接兩篇文稿，系包卓立先生與趙海英教授所撰，所言與本書內容有關，皆為南師下課後與他們的零星問答，經由他們整理後，編寫成篇。這是他們的領悟和心得，更是有關修行的資料，故特附錄於後，作為補充，以供讀者們參考。

又本書中經文部分，採用版本如下：

《大乘廣五蘊論》——新文豐

《楞嚴經》——台灣印經處

《解深密經》——台灣印經處

劉雨虹　記

二〇〇三年九月

【註一】包卓立的著作：

（1）蘇格拉底也是大禪師（台北老古）

（2）Twenty-Five Doors To Meditation（25 種修定法門）（美國 SamuelWiser, INC.）

（3）The Story of Chinese Taoism

（4）The Insider's Guide to The World's Best and Worst Spiritual Paths and Practices

（5）How to Measure and Deepen Your Spiritual Realization

（6）Kuan Tzu's Supreme Secrets for the Global CEO

（7）The Various Stages of the Spiritual Experience

【註二】台灣後來曾譯成中文出版，書名為《拙火經驗》（方智出版）。

【註三】貢噶呼圖克圖（一八九三至一九五七）是密宗白教有成就的上師，他曾經多次到漢地宏揚，時在廿世紀三、四十年代。南懷瑾先生除白教外，亦曾依止根桑活佛，黃教的阿旺堪布、章嘉活佛、以及東本格西活佛等。

13《花雨滿天維摩說法》

《花雨滿天維摩說法》出版說明

這本書的出版，有一個頗為偶然的因緣，在此特向讀者說一說背後的有趣過程。

緣南師懷瑾先生所講解的《維摩詰經》，是於一九八一年七月十日，在台北十方書院開始的。由於書院的學生以出家眾及學佛者為主，所以南師的講解偏重在修持方面，舉例引證也以修持為重點，與一般講解佛經不盡相同。

二十年來，曾幾次有人貢獻心力，希望將記錄整理，以便印行出版；但是陰錯陽差，始終未能完成，而關心的讀者們，卻時時殷切詢問。

因緣常常十分奇妙，大約兩年多前，香港佛教圖書館的親證尼法師，把南師所講《維摩詰經》的錄音帶，交了兩卷給一位李華女士，拜託她的夫婿石宏先生，抽空把錄音記錄成文字。

這位石宏先生，出身台灣大學法律系，又在美國密西根大學取得比較法學及企管兩個碩士學位，他看到只有兩卷錄音帶時，就欣然答應了這件事。

豈知，兩卷完工後才知道，後面還有一百三十七卷之多，怎麼辦呢？他心裡想，既然承諾在先，就繼續做下去吧。此後，石宏先生每天花費七八個小時，努力工作了一年，終告完成。

除了記錄文字外，石先生還做了初步的整理工作，以及資料的校對等，現在趁此出版之際，對石宏先生的熱心與辛勞，特別致上深切的感謝之忱。

有人說，讀懂了一些《維摩詰經》，心量不自覺地擴大了，不再局限在我們生活的這個娑婆世界，也不會局限於嚮往的淨土世界，而擴展到了無限的空間。

也有人說，這本經典包含了一切，當你學佛不知道該怎麼做時，本經有答案給你；當你事理不明白時，本經也有答案給你。

舉例來說，學佛的人常常疑惑，為什麼女兒身不能成佛，而要先轉成男身才有可能？在這部經典中，對這個問題就有極超越的討論與答案。所以，這是一本包括一切見地修行的經典，太偉大了。

但是，對現代的人來說，原典經文似覺太過古老，現在這本南師的講解記錄，用的是簡單明瞭的話語，相信讀者們瞭解時，一定容易很多。

這本書雖未經南師親自校閱，但是在出版的過程中，曾經過不少參加聽講者的校對，如宏忍尼法師、古國治、謝錦揚、歐陽哲等。有關經典校正的工作，宏忍尼法師投入時間精神最深久，在資料查核方面，杭紀東教授盡力最多，而書名則是周夢蝶居士的靈感，在此一併向他們致謝。

本書所採用經典，是佛教出版社版本，由古國治居士重新標點，書中小標題為編者所加。

劉雨虹　記

二〇〇四年十二月

14《莊子諵譁》

《莊子諵譁》出版說明

（一）

這本書的出版，過程頗為曲折複雜，距今廿多年前，在一九八一年的秋季，南師懷瑾先生講解《莊子》於台北十方書院。數年後，聽眾中的圓觀師和永會師，即由錄音記錄成文字，編者旋即開始文字整理工作，惟於完成首篇後而因故暫停，企盼另有他人挑起重任。

及至六七年前，忽有大陸簡體字版出現，書名為《南懷瑾先生講莊子聽記》。該書內容文字，或因錄音效果及語言障礙等諸多因素，致使有些關鍵處或錯意、或偏差。外加整理工作者多處重加組合編輯，閱之雖覺整齊方便，但原意和精神卻在不知覺中流失了。

為此之故，老古公司即準備急速整理講記，以正視聽。先是宏忍尼師積極整合推動，邀約台灣、香港、上海以及新加坡等地同修多人，於二〇〇五年九月間，齊聚蘇州廟港「淨名蘭若農科」，共同配合工作，耗時三月，終至完成初步的文字整理。而最重要者，後蒙南師指示，於多處再加修整。

（二）

按南師懷瑾先生，講課數十載，所重視者，為旨意之闡揚與發揮，而不斤斤於微末細節。由於講述涉及各類學養，浩瀚廣廓，故而文字整理工作極為不易。同修等雖勉力而為，難免經年累月，耗費時日，為此常引起讀者之不滿，或更有違法編整印行出售之事出現。

不久前，《花雨滿天維摩說法》出版後，即有讀者傳真抱怨說：「南老師廿多年前所講的，你們現在才出版，想看這本書的人早已經涅槃了……」由於讀者大眾的熱心和關懷，整理講記工作更須慎重嚴謹。文以載道，如有誤差的內容流傳，對讀者對文化，反而成為負面影響了。

就以《莊子》講記在大陸擅自整理印發而言，其動機或有與大眾共享之美意，然而輕忽作成，漠視他人權益，對原講人毫無尊重可言；只此種種，皆為世法所不容，更何況因果之患哉！

類此事件，尚有多起，尤以未得許可而印行南師所講《宗鏡錄》一事，更為嚴重，因內容多處偏離原意，尚須詳加訂正，故而南師迄未許可在台出版。偏有大陸以學佛者自稱之人士，竟枉顧法理，輕忽因果若此，可悲可嘆！

（三）

《莊子》這本書，《四庫全書》歸類於道家，且道教尊之為修持所倚之《南華經》；但千古以來，有識之士咸認其為諸子百家之重要地位，內容涵蓋世間、出世間一切觀念法則，以及實際修養身心之道，故而認為是中華文化最偉大不朽之作。更有美國一九七七年諾貝爾獎得主普里高津（Ilya Prigogine），自稱七十年代起的物理重大渾沌理論，卻與莊子的渾沌說相吻合等等。西方最新科學的渾沌理論，後來繼續發展，產生了對中華文化的新評價和新觀點，所以《莊子》一書所受的重視可見一斑。《莊子》雖經千百年時空移轉，其所言始終屹立不搖。

但是，不論莊子的文章氣勢多麼優美高雅，對現代人來說，仍是艱深難明、莫測高深。參閱近代多家有關注解，或語譯，或注釋，多數惟字面解說或彙集他家注解而已，對一般讀者而言，實難從中獲益。

更因文哲學者，以解說世間法為主，難解出世間之道途；而另方面專家，則以出世部分的研究為重，鮮少兩全兼備之者。

（四）

現南師懷瑾先生，既於青年時期遍研諸子百家之學，自立之年，又深入經藏道法，歷經多年身體力行實證，故於《莊子》之講解，遊乎經史子集之中，不論出世入世，評比精義，正說反說，更提示《莊子》出入禪道的旨意。且以通俗話語，深入淺出，為讀者聽眾開啟門戶；如稱南師所講為別具一家風格，似不應為溢美之辭。

再說南師講述之特點，因不拘小節，不重訓詁，故常遭學術欠精確之議。蓋南師所專注者，宗旨大義而已；《西廂記》也罷，《紅樓夢》也罷，孫叔敖也可，他人也行，惟以言談內容為重，故識者亦有瑕不掩瑜之說。

諸如此類一切，對南師而言，呼牛呼馬並不介意，但從文字整理工作而言，吾輩必應深自檢討改進，以不負讀者之所企盼。

另有特別須向讀者說明者，是本書內容，有數處講解似有前後不同之處，雖曾求解於南師，終維持原意。在此特敬告讀者，不必執定一端，他日當另有悟解，不然，付之一笑也可。

再者，南師講課方式，遍作分析、講解、比喻，但如不作結論的禪宗教育法；留為聽眾瞭解後的自作結論，才是真悟解。或有讀者誤認為南師是「故意留一手」，不向讀者明說，在此也特別敬告讀者。

至於本書題目，曾有多方建議，但南師一生特性，素來不以學者自居，更不喜歡重看自己講的著作，而且在過去幾十年的講說成書時，每每題名謙讓，如講《論語》叫別裁、講《孟子》叫旁通、講《老子》叫他說，都是表示不入學術正統，只是邊緣的外行話而已。所以對於本書，也特別取名為：莊子諵譁。問南師原意，但說是譁啦譁啦，諵諵自語罷了！

（五）

參與協助此次工作的友朋們，首以宏忍師電腦改正文稿最為辛勞，張振熔先生擔任主要資料的查證，親證尼師及閻瑋燕女士重新核聽原始錄音，另外李素美居士細心校誤，以及許江先生、南榮榮小姐，馬宏達、謝福枝、謝錦揚、歐陽哲諸位先生同修等，或打字、或查資料、或校對，皆熱心參與；在此書印行之際，特向各位致上最高的謝忱。

本書所用《莊子》原文，為中華書局版本，書中標點參考王財貴先生編訂之《老子莊子選》。

又書中小標題為編者所加。

劉雨虹　記

二〇〇六年二月台北

15《南懷瑾與彼得・聖吉》

《南懷瑾與彼得・聖吉》出版説明

《遠見雜誌》二〇〇六年六月號，有一篇對趨勢科技董事長張明正的訪問，在介紹中說：

「美國管理學大師彼得・聖吉在一九九〇年出版《第五項修煉》一書後，十多年來在世界各地引起廣大而深遠的影響，帶動了許多企業競相推動學習組織。」

「這幾年來，彼得・聖吉開始接觸中國的儒釋道思想，並且多次到香港拜訪國學大師南懷瑾先生。今年再提出新的管理思潮《修煉的軌跡》，將管理再推向一個新的境界。」

張明正先生在接受訪問時說：「我曾當面問彼得・聖吉，為什麼學理工出身、後來成為組織學與管理學大師的他，會去拜禪學大師南懷瑾為師，又對中國的儒釋道倍加推崇？」

聖吉博士在新書中說：「在我們尋求如何為這個領域開拓新知時，有幸遇到中華文化界修為涵養極高的大師們，並承蒙他們指點。與南懷瑾大師的會談尤其關鍵。他幫助我們明白，我們探索領域的共同基礎。我們真心感謝能有這個機會，與中華文化世界的廣大讀者分享我們這趟旅程的一些見解。我們也期待能有更深度的跨文化對談，繼續與你們共同學習。」（《修煉的軌跡》第一頁）

中山大學楊碩英教授說：「《修煉的軌跡》中涉獵了不少中國儒釋道的修煉，其中有些背景資訊順便一提。聖吉讀史丹佛大學時就開始修習鈴木大拙的禪宗。我一九九一年寄了一些南懷瑾先生佛道兩家著作的英譯本給聖吉，他非常用功，在世界各地演講時均隨身攜帶閱讀。一九九五年我帶他至香港見南先生，此後聖吉就依南先生的指點下苦功，每天早晚各打坐一小時，終年不斷……並遵照南先生的指點，開始非常認真地研讀《管子》及

《大學》。」（《修煉的軌跡》第九頁）

在聖吉博士一九九五年初次拜訪南師後，《遠見雜誌》即於當年七月號發表《當彼得・聖吉遇到南懷瑾》一文，此後各方多所好奇，並關心後續的發展。

兩年後（一九九七）的六月，聖吉博士一行五人到香港，參加南師主持的禪七。據楊教授說：「他們返美後五人每月聚會……溫習禪七所學，非常精進。近年來聖吉向南先生請益的次數就更頻繁了。」

聖吉博士平時與南師的問答，皆由彭嘉恒翻譯聯繫。二〇〇三年起，一連三年，聖吉博士一行，每次以三日的時間，前往拜會南師，繼續他的參訪學習。

二〇〇四年聖吉等人的新著《Presence：An Exploration of Profound Change in People Organization and Society》在美國出版，中譯名稱《修煉的軌跡》，於二〇〇六年六月在台灣出版。中譯本第四頁說：這本書「卻有如禪宗師父的一棒，告訴你：打開你的心智模式吧，沒有答案。……學習大師不怕承認他仍在探索、在學習，他謙虛為懷地說：我們所知有限，我們所學到的一切，仍有永恆的奧祕蘊藏其中。」

聖吉在這本新書中說：「南大師的種種成就，似乎不可能同時出現在一個人身上，美國國務院駐中國的一名高階官員曾告訴過我，按照傳統，中國皇帝的顧問必須是集一切文化傳統於一身的大師級人物。這位官員說：『南先生可能是符合這種傳統的最後一人。』」（二四〇頁）

聖吉博士一行，十年來鍥而不捨地研習中華文化，就像他的恩師佛睿斯特一樣，「總是獻身於探索最重要的問題……」聖吉的著作，曾被《紐約時報》評為十年中最具影響力者。由種種跡象顯示，聖吉是站在時代的前端，他的努力似乎引導著西方文化的行進。在他們這本新書中，更突顯出東西文化匯流的趨勢。這對人類文化而言，頗具積極意義，也是可喜的現象。

至於有人曾問聖吉參學禪宗南大師一事，足以說明他對中華文化的領悟超過了一般學者。禪宗雖源自印度，但這顆種子飛到中國後，在儒道老莊及諸子百家的沃土上才能茁壯，開花，結果，形成另一支中華文化，已為世所公認。各方涉入雖或深或淺，但千餘年來對文化各層面的巨大影響，堪稱無言可喻。深入研究，禪更關聯時代熱門的生命科學，由此可知，聖吉等的文化智慧非比尋常。

為了使廣大讀者瞭解之故，我們將三次訪談真實記錄，整理出版了這本書，其中二〇〇三年的參晤，系由石宏先生整理完成，並譯成英文寄交聖吉博士。

其餘二〇〇四年及二〇〇五年兩次的記錄及整理，參加工作的人很多，如官大治錄音，劉煜瑞、趙雲生實況筆錄，檢對許衡山，初步校錄整理馬宏達，電腦校正宏忍師，資料查對張振熔等，現趁此出版之際，特別向他們致謝，並向三次擔任口譯工作的彭嘉恒先生，一併表達謝忱。

又，書中的內容提要，為編者所加。

劉雨虹　記

二〇〇六年七月於廟港

16《南懷瑾講演錄二〇〇四—二〇〇六》

《南懷瑾講演錄二〇〇四—二〇〇六》出版說明

南師懷瑾先生，於旅止上海時，有各大學研究所等，再三邀約演講，計有北京清華大學、中國科學技術大學、上海國家會計學院、海南金鼎俱樂部及海南航空公司幹部領導等。其中除了上海國家會計學院在上海本地外，其餘聽眾皆從北京、安徽、海南島，全班結隊而來上海。因南師原以無法前往之故而辭謝邀請，後彼等既熱情安排，移樽就教，南師不免答允所請，就在上海相會了。

研究所碩士或博士班的學員，多為各地企業界領導階層，加以海南航空及金鼎俱樂部會員亦皆為社會或企業界菁英，故而南師演講內容涉獵頗廣。

最近一次的講演，是應上海《文匯報》及上海人民出版社的共同邀請，於二〇〇六年的八月四日舉行。南師是初次對新聞媒體講演，故而特別強調新聞出版界以及電視界的社會責任，以及文化責任等。

在多次講演的過程中，南師對教育方面感嘆頗多，甚至有教育無用論之評語。關於這一點，讀者想必會瞭解，南師所指是人文歷史的教育，而非對數理化科技方面而言的。

由於每次講演皆為不同聽眾，所以講演內容略有雷同部分，勢所難免。

本書包括了五次講演記錄，雖以人文為主，但卻隱約透露了時代趨勢的走向，頗有發前所未發之處。

二〇〇六夏秋之際，記錄在蘇州廟港整理完成。協助者多人，在此先行致謝，不一一點名了。

再者，書中「內容提要」為編者所加。

劉雨虹　記

二〇〇六年八月廟港

17《與國際跨領域領導人談話》

《與國際跨領域領導人談話》出版說明

彼得・聖吉博士在二〇〇六年的春季，曾前往上海，與南師懷瑾先生晤面，並趁機參觀位於蘇州廟港的「太湖大學堂」。當時該處已接近完工了。就在那個時候，彼得・聖吉博士提出計劃，企望於十月底，偕同ELIAS（Emerging Leaders for Innovation Across Sectors）團員前來大學堂參訪研究，並請南師對該團發表講演。這個組織是在聯合國全球契約計劃中開發學習共同體的理念下組成的。

聖吉博士一行約三十人眾，即於十月底到達了太湖大學堂。團員來自十二個國家之多，包括了聯合國的專家顧問，各國企業界的領袖，學術界的菁英等；有醫生、學者、行政人員、社會人士……彼等工作領域多為環保、能源、疾病防治、國際合作等，均屬對人類社會關懷性質。

這本書就是此次南師講演的記錄。

關於「太湖大學堂」，那是南師多年前的理想與籌劃，六年前始得破土興建。該處佔地二百餘畝，就在上海西南一百一十公里，及蘇州之南約六、七十公里地方的太湖之濱。

那裡一望無際的如茵草地，桃李芬芳，有孔雀漫步，有鴨群逍遙，還有太湖的月光……太湖三萬六千頃，月在波心說向誰……

目前大學堂完工使用的有行政主樓，客房樓，及講堂樓三棟。行政樓有辦公室，圖書庫，客廳等。客房樓一層為餐廳，可容納百餘人，二、三層為五星級客房。

特別一提的是講堂樓，一層是講堂，第二層為可容納二百多人的禪堂。這個禪堂，在空氣、光線、音聲、溫度等各方面的精心設計，可稱獨步世間，有識者評為前無古人之創舉，應屬中國禪文化一大進步。

至於大學堂暫定的運作方式，略有幾個特點：

（一）非一般學校性質，採取與中外大學或文化團體簽約，對特定主題進行合作。

（二）致力於新時代中華傳統文化的研討與發揚，倡導深化基礎教育及社會教育的重要性。

（三）放眼世界，推展中西人文科技文化實質的融會貫通。

（四）對於宗教文化，重點在學術及實證，故不舉辦宗教性活動。

大學堂自〇六年七月開始運作，半年中舉辦了多次活動，並以與中、美、法各國共六所學院簽訂了合作計劃。

由於大學堂尚屬初創階段，工作及人員並未完備，目前仍無法接待一般訪客。南師日理萬機，亦無暇對任何個人進行指導了。

近年來，有關南師行止，各方多所關心詢問。現趁此書出版之際，略述情況，並刊印大學堂照片多幀，以答謝各方關懷之熱忱。此後有關大學堂的活動，仍將繼續報導，以饗讀者。

劉雨虹　記

二〇〇七年元月台北

18《人生的起點和終站》

《人生的起點和終站》出版說明

有關生死問題的書，坊間頗有多種，以密宗所屬為盛。不久前，有胡君從美國專程前赴上海，求教求解於南師有關生死大事。

本書所記錄的，是南師隨機對胡君等所講，先從死亡開始講起，一直解釋到人的出生，皆以人類正常生命輪轉變化而言說。所講雖不外於佛法之原理，但並不沾染宗教意識，而純粹站在生命科學的立場，加以闡釋。

此外，南師更隨機提示修持重點，從不同角度解說，俾使學人易於把握關鍵，進入修持之正路，更能了解個人修持的進度和方向，不致迷途。

人的生命，本是各宗教追根求源的目標，對於生死死生，自各有不同詮釋。胡君不遠萬里而來，非僅為個人求解，而是為海外遊子、友朋、同道而來尋求善解。

一般說來，出家人是為了生死而離世努力，但是在家人也同樣有生死問題，豈能不予重視。

這篇記錄是為在家眾所講，聽眾中頗有從學南師多年者，故於講解過程中，南師常語辭嚴苛，似有鞭策激勵之意。

又，南師本不願將記錄印書成冊，因覺所述簡略，未臻完整。但多數認為，篇中雖未達南師完美標準，而吉光片羽，精細明確，讀者可解不少心中迷團，應屬得益無異矣。

此次的講解是二〇〇六年二月十四、十五兩天，由許衡山、趙雲生、劉煜瑞等錄音記錄，馬宏達初步校編，宏忍師多次電腦修改整理後的文稿，謝錦揚最後把關校對。內容提要則為編者所加。

劉雨虹　記

二〇〇七年元月於廟港

19 《禪與生命的認知初講》

《禪與生命的認知初講》出版說明

這一本書，是記錄一個新的開始。

太湖大學堂，在歷經六年的辛苦開拓建造，於二〇〇六年的初夏，建築大致完成了。

七月一日至七日，南師懷瑾先生，在大學堂舉行首次講課及訓練。由於是初次啟用，在活動及管理方面，就有試驗性質，故而僅對內部工作人員及部分修學的老學生們開放參與。但是此次講到的內容及方式，甚具特殊意義，且有時代里程之感，原因如下：

（一）五十年來，南師講文化，說佛法，已有不少記錄出版問世，隨學眾中皆耳熟能詳，惟多止於耳目而已。此次在不同時空環境，一切再從頭講起，系統條理重點凸顯，座中忽有如夢初醒之感，不覺冷汗濕衫，自慚光陰之虛度。

（二）綜觀時代之演變，科技之發展，兼東西文化相互之激盪，目下有關生命科學之研討，正在世界各地熱烈進行。反觀我中華文化，以及脫掉宗教外衣的東方文化，實為此一問題之關鍵，豈能不予正視；更須積極闡揚，為人類文化加緊步伐。

（三）環顧世界，人類素質之可憂可嘆，人類精神之空洞無依，故而急須倡導教育文化，以挽狂瀾，此為大學堂放眼之高點。

為此之故，整理印行此段記錄，俾有識者共同為文化而努力。

這次的講課，是張振熔從錄音記錄的，再由烏慈親女士打字，宏忍師也加入整理後的打字工作，並與謝錦揚先後多次校對書稿，在此一併致謝。

書中小標題為編者所加。

劉雨虹　記

二〇〇七年五月廟港

《禪與生命的認知初講》再版說明

這本書已出版十年了，現於南師辭世六年後，重加檢視修訂，改由南懷瑾文化出版印行。

這次的講習活動，是經過六年建造的太湖大學堂的初次啟用。當時的南師已屆九十高齡，對文化的弘揚傳講，已超過半個世紀，而對學子期望殷切之情，充分流露於言辭話語之間。重讀之際，令人更能了解師道的作風和苦心，以及文化傳承方面之種種。

感謝參與工作的學友們，大家辛苦了。

劉雨虹　記

二〇一八年春月

20《答問青壯年參禪者》

《答問青壯年參禪者》出版說明

在南師懷瑾先生說法指導修行者的歲月中，這本書的記錄內容，是最為引人入勝的。因為，這裡參加的，多數是認真修持的出家僧眾。

一般愛好佛法的人，都聽了很多經典的講解，自己不免覺得明白了，好像都知道了，也許自己也在修持；但是，如果看了這本書中南師與行者的對話，你的悟解和感受就會忽然不同了。

因為，僧眾們的修證過程，他們提出來的問題，再加上南師的指引，一切都是活生生的，令人感動，令人喜悅，令人鼓舞，更令人慶幸這個機緣。

面對真心修證的僧人們，針對各人的情況，南師有不同的分析和解說；他的教導，反映佛法實證的精髓；而行者們述說的經歷，則顯現出修行路途中不自知的各種問題；許多也是讀者自己的問題，平時都不知怎麼問，向誰問！

這裡，經過南師的解釋、引導、激勵，聽者和讀者，會對諸多問題的關鍵點，豁然開朗。

比如說，很多人會安那般那數息法門。但是，是數入息呢？或是數出息？如何隨息？這一步反應又如何？對與不對之間，頗有竅門。南師都於極微細處，深切交代方法。

再看到行者們的努力過程，更是莫大的啟示；所以此書反覆讀來，如沉浸於修行三昧，使人油然而發自省心、精進心、感恩心。

又，當中記述南師的嬉笑怒罵，淋漓盡致，那是大禪師的手眼，讀者或與天龍八部同觀，歡喜讚歎吧！

再者，南師自稱白衣，向不以師位自居，此次名刹古寺之有品有德行者，不恥下問，精進坦誠，令人敬佩。本書之印行，為尊重佛法僧三寶故，特隱參學行者之大名，而以代號替之，他日因緣聚會，展現龍象之姿者，必可期待於彼等也。

宏忍師參與此次黑板書寫服務，以及文字記錄整理工作，另外杜忠誥先生以及張振熔、謝福枝、謝錦揚諸同修等，辛苦幫忙校對，在此一併致謝。

書中內容提要為編者所加。

劉雨虹　記

二〇〇七年六月廟港

《答問青壯年參禪者》新版說明

《答問青壯年參禪者》這本書，在所有南懷瑾先生出版的書籍中，是惟一的一部與出家參禪者對話的記錄。此書出版十年以來，有不少修行人表示，「得益很多很多」。

現於修訂重新出版之際，想到當年參加那次盛會的僧眾們，不免聯絡那次促成此會的古道師，希望得到一些大家的消息。豈知古道師說，自從七、八年前加入洞山祖庭修建之事，百忙中少與昔日道友聯繫，且修行人散居各地，難免疏於互動，事實上也因不願打擾彼等的修行也。

惟古道師另談及足堪告慰之事，乃洞山祖庭，經過數年漫長重修，已漸趨完善。猶憶南師曾囑古道師，俟洞山修復後，仍以修行道場為主，以維護禪宗文化為旨為宗。

今見洞山修復後，一切已平穩上路，今年元月底春節時，且開始了禪七法會活動，各方道友聞悉雀躍，實二〇一七年之可喜可賀大事也。故趁此機緣，與讀者分享佳音。

劉雨虹　記

二〇一七年元月

21《小言黃帝內經與生命科學》

《小言黃帝內經與生命科學》出版說明

《黃帝內經》這本書，早經中外公認是一部中醫最古老原始的典籍；但是現在學習中醫的人們，大多採用選讀方式，少有深入詳細研究者。近數十年來，情況更甚，原因大致如下：

（一）三千多年前的文章，對簡體字出身的讀者而言，太艱深，太難懂；用現代言語文字來讀，常覺不知所云，也就看不下去了。

（二）最困難的是，內容涵蓋了《易經》、陰陽、五行、干支、天象、氣脈，傳統文化的心物一元的互變問題等等，鋪天蓋地，包羅萬象；如無上古科學概念，讀之不免有天書之嘆。

（三）更困難的是，《黃帝內經》的中心重點，是有關生命的構成，以及生命運行的法則。這是屬於生命科學和認知科學的範疇；而此一問題，又涉及了形而上的學說理論，所牽動的也就更為廣泛了。

（四）另一個困難，是生命中精、氣、神的問題。氣在身體中流動，維持著我們的生命；但是，氣是什麼？又如何運轉？氣與天地萬物的關係又如何？

因此，先要認識了氣，才能初步瞭解生命中的能量及其作用；進一步再瞭解人的病因，才能進行醫治。而這個氣的問題，又與後來的道家、密宗及佛法的修持等，密不可分。

由於以上許多因素，致使對內經的研討，就每下愈況了。

此次南師懷瑾先生，應邀在二〇〇七年四月初講解《黃帝內經》，起因亦頗為特殊。緣上海綠谷中醫藥集團，在多年從事中醫藥研究發展的過程中，體認到中醫藥的諸多問題；究其原因，多為對中醫之基本理論瞭解不足，以致於只會醫病者之現象，未能深察病因澈底治療，難免淪入醫匠之流，實屬可嘆。

為此之故，集團負責人呂松濤先生，積極游說邀請，促成了《內經》的講釋。並希望藉此帶動青年學子及有識之士，展開研究，以提升醫療品質，回歸正確方向，開發民族悠久之中醫文化寶藏。

綜合數次講解內容，重點在闡釋《內經》的精神及中醫學之基本觀念，以作為研究之起步。

其實，《黃帝內經》不僅是醫理和醫療，其與我們的生命生活皆息息相關。這部經典，立論於生命的原始點，崇高而根本，為中華文化之至精。

值此多病多惱的紛亂世界，國強必先民健，故而重新探究《黃帝內經》，似至為重要。

再者，健康關係社會民生，不僅醫界須瞭解《內經》，一般大眾亦應加瞭解。果如此，則人人保持健康的體魄，進而則可見繁榮康樂的社會。這，也就是倡導研究《黃帝內經》的共同願望吧！

綠谷集團於講演結束後，在一個總結報告中說：「這是五四運動以來，中國文化斷層的復興轉捩點……」等等。現並將該文附錄於書後。

按，此次講解記錄，本不擬出版，因為講課時間安排不足，外加顧及聽眾對易理陰陽五行之基礎或有欠缺，故而講解不免草簡，言難盡意；況言簡每導致誤解，此為不擬印行之主因。後因諸方反應殷切要求之故，勉為應允印行。

現趁此出版之際，特別敬告讀者，南師謂此次僅為拋磚引玉之舉，非金科玉律之論，只願提醒大眾對文化瑰寶之重視及研究。《內經》雖為數千年前之著作，實與今日全球積極探究之生命科學密不可分也。

本書的整理稿，南師並未過目，在整理過程中，或難免有謬誤之處。此次感謝張振熔先生記錄，林豔玲小姐及賴梅英女士辛勞打字，歐陽哲及謝錦揚、宏忍師等積極校對，書稿才得勉強在短期中完工。又書中小標題為編者所加。

劉雨虹　記

二〇〇八年一月廟港

22《漫談中國文化——企管、國學、金融》

《漫談中國文化——企管、國學、金融》出版說明

二〇〇七年的下半季，南師懷瑾先生應幾方敦請舉行了三次演講，團體聽眾皆遠道前來太湖大學堂，這本書就是三次講演的記錄。

第一次在七月廿八、廿九兩日，是為北京大學光華管理學院的學員及北大校友所講，題目是「新舊文化的企業家反思」。

第二次在十一月十五日，中國人民大學國學院師生五十多人前來，另各界旁聽者，共一百廿餘人，南師講的題目是「國學與中國文化」。

第三次在十二月十五日，中國銀行業監督管理委員會的全國代表二百餘人，分由各地前來，南師的講題是「漫談中國文化與金融問題」。

這本書在大陸同時以簡體字印行出版，參與本書準備工作者有馬宏達、代興玲、烏慈親、宏忍師、張振熔等，或紀錄或打字或編整，或查對資料……皆係工餘之暇奮力協助者，在此特致感謝之意。

劉雨虹 記

二〇〇八年十月於廟港

23《我說參同契》

《我說參同契》出版說明

這本書是南師懷瑾先生講解《參同契》的記錄，時為一九八三年在台北十方書院。

《參同契》一書，自來被認係丹經之鼻祖，為超凡成仙的修煉寶典，是澈底轉變肉體生命而成為壽與天齊的神仙。用現在的語言來說，就是真正的生命科學了。

作者乃東漢時期的魏伯陽真人（約西元一〇〇年——？），距今已一千八百年了。魏真人出身浙江上虞官宦望族之家，不喜仕途而愛好修道，後入神仙之列，並將修煉經驗寫出這本《參同契》，當時佛法尚未傳入中國。

清朝初年，有道家北宗龍門派道士朱雲陽，因早年由此書入門，又三山五嶽遍參諸方後修煉有成，再窮十年之功，註釋《參同契》，於康熙八年己酉（一六六九年）刻版印行，書名為《參同契闡幽》。此書一掃千多年來對《參同契》的錯解、邪見與誤導，而正視聽。此次課程所採用的書本，即自由出版社所印的這本書。

惟讀《參同契》猶如讀天書，即如雲陽真人這本闡幽，亦為三百多年前的古典文章，加以一般人對《易經》、陰陽五行等缺乏研究，欲懂《參同契》太不容易，如無真實修養者解說，實難入其堂奧。其實，連入門都不可能。

《參同契》共分三篇，上篇與中篇讀之令人有重複之感；其實不然，上篇為綱要原則，中篇再作深入微細解說，以免曲解而流入旁門別庭。

南師懷瑾先生，當時選講這門課程，旨在引導學人進入中華重要典籍的初步研討，所講僅上篇及中篇之重點（包括十八、二十、二十一、二十二及二十四章一段），因下篇為總結，學人應可自己研究了。

南師講解後，有行者逐漸發現，在工夫修持過程中，道家的著作如《參同契》一書，解說具體而周詳，且有對治方法。有人甚至說，仔細研讀了南師的講解，才對佛法的修持較為明瞭，尤其對東晉初期傳來佛家修煉禪定的十六特勝法門，才有真切的體會。

另有人說，略知《參同契》，才了解什麼是正統道家，什麼是邪說亂道，這世界上的誤傳和歪曲修法太多了。

《參同契》是在佛法傳入中國之前的著作，之後佛經翻譯常採道家的遣辭用字。朱雲陽真人由習禪而轉道家，故而常以禪法解說。朱氏認為，《參同契》「向來埋藏九地，而今始升九天之上」，乃指《參同契闡幽》一書，令原著轉暗為明。

也有人說，《參同契》不止是丹經道書，而是古哲學，古典文學之作，其中包含了中華民族最高深承天接地的文化；是一顆明珠，因深奧而埋藏，經朱氏闡幽而出土；更因南師深入淺出的講解而閃發光芒。

吾人何其有幸，生為炎黃子孫，有祖先璀燦光輝的文化留傳，豈能不繼續努力以發揚先祖的智慧成果！

再說這本書的出版，頗為偶然且有趣。緣香港佛教圖書館的親證尼師，發覺南師所講《參同契》錄音帶，保存不易，故而率同圖書館數位同修加以記錄，再由石宏君將文字略加清順。稿子帶至廟港後，歷經我等八個多月整理，將所涉及種種問題，請示南師加以釐清、修訂、補充，務使儘量明白易懂，以便利讀者。

《參同契》為兩學期的課程，每週一次二小時，共八十講，所講內容涉及廣泛，舉證既多，更有南師親身諸多奇特經歷的人與事。全部整理後八十餘萬字，故分上中下三冊，計劃三個月內出齊。

此次配合工作，除張振熔查證資料外，更有宏忍師自二〇〇六年起即搭配相助，晝夜辛勞，因緣特殊，特誌之。

又，書中小標題為編者所加。

劉雨虹　記

二〇〇九年一月

《我説參同契》新版説明

二〇〇九年的冬季，有一天，下午六點鐘，南師懷瑾先生的餐桌上，出現一位來客，是先生的熟人。當時的我，也是餐桌上的一個食客，另外還有五六個人。

閒話之間，先生突然問這個客人：「我的新書《我說參同契》出版了，你看到沒有？」

這位客人連忙回答說：「看到了，看到了，大家都說，這本書一出來，老師的地位就確定了。」

先生聽了他的話，大為不解，不免好奇的問他，「這話是什麼意思？」

這位客人講了一大篇，大意是說，原先大家看老師的書，總以為老師是一個禪宗大師，是一個佛法方面的高人，現在看到老師這本《參同契》的書，才發現，老師是一個通人，一個深入中華傳統文化的通人，是學問通達各方面的通人。

先生聽完他說的話，只淺淺一笑說：「原來是這樣啊！」

但是，這雙方一來一往的對話，卻使我想起一段往事，與這本書有關的往事。

記得那是一九八三年的一天，在先生辦公室。聽說下個月要講《參同契》了，我就問，是道家那本《參同契》嗎？

先生立刻很嚴肅的說：你們都以為《參同契》只是道家的書，其實這是一本包括很多家學術學問的書，是中國文化中非常重要的一部書。

聽到先生這麼說，大家當然都不說話了，反正大家都不懂，大概大家也少有人看過這本書，至少我沒有看過。

三十年了，前塵往事記憶猶新，而這本《我說參同契》，也已經出版五年了。在這五年的時光裡，消息最多的是自我修學的行者，他們由本書得益得助，解決不少修持方面個人的問題。因為書中的對治法門，先生講解得十分透澈。

也有些對《易經》卦象不太熟悉的讀者，看不懂的不管，只看先生的講解，收穫也很多，反而對《易經》有了興趣。難怪有高人曾說，儒釋道三家，互通互補，在最高處是一家，所以說，中華傳統文化，博大精深。

在此書重新校訂出版之際，意外看到杜忠誥老師在書中的眉註、解記、領悟和讚歎，令人感觸極深。讀書如此認真深入，正如儒家所謂慎思、明辨、篤行者，實不多見，特附錄一頁於後。

參與此次重加校訂工作的，除了古國治、宏忍師、彭敬、牟煉等基本幾人外，杜忠誥老師和邱珍珍小姐也幫忙校對工作，多謝大家了。

另外要說明的，是古本中的气（炁）字，在本書中，因先生說无火為氣，故气字改為「无＋灬」，代替古寫的「炁」。

劉雨虹　記

二〇一四年十二月

24《老子他說》（續集）

《老子他說》（續集）出版說明

一九八〇年三月，南師懷瑾先生在台北十方書院開始老子《道德經》的課程。當時由蔡策記錄，再經編輯及南師先後整理，隨即每期於《知見》月刊發表。

五年後（一九八五年），南師應邀赴美，當時《道德經》已全部講解完畢，所發表者僅廿六章，後因故暫停，以致上篇未能全部刊登完畢。

由於讀者的反應，企盼成書出版，故於一九八七年將已刊登的廿六章集結印行，書名為《老子他說》上集，時在南師赴美兩年之後。

自從該書出版後，讀者陸續催問下集者不絕，二十年來，未能接續印行出版，究其根源，實因文稿隨同南師資料書籍運赴國外，數年後又輾轉運回香港，直至二〇〇七年始再運轉國內，落腳太湖之濱。

整理工作於焉開始，在南師指導下終於全部完成，因內容包括部分上篇，及全部下篇，故特定名為《老子他說續集》。

總括《老子他說》上集一冊及續集一冊，合為《道德經》一書的全部講記。

此書經歷漫長廿二年，今經我等繼續努力，終能出版完全，對熱心的讀者有所交代，不免一則以喜，一則以憾，蓋人世一切成敗因緣，常非人力之可及也。

劉雨虹　記
二〇〇九年五月

25《列子臆說》

《列子臆說》出版說明

《列子》這本古代的子書，為道家重要典籍之一，與《老子》《莊子》並列；但是其流傳頗不及《老》《莊》之廣，原因無他，該書易讀而難懂之故，一般莫測其中心真正意涵。

一九八二年，台北十方書院開了《列子》的課程，南師懷瑾先生為教授師，惟在學期終結時，尚餘最後半篇未克講完。

此後，物換星移，直到廿八年後，南師始在編者再三催請下，於廟港太湖大學堂完成補講。世事之變遷無常，令人嗟嘆，結果終致圓滿，又令人無限欣慰，並為讀者慶幸。

經過一年的整理工作，已粗成章篇。日昨，偶示書稿予一高人，高人曰：「是誰講的？怎麼那麼好！」真的太好了，聽眾和讀者被帶入廣闊的視野，深入難測的奇妙境界，並且打破了意識的種種局限。

《列子》，以故事神話的形態，闡釋道家的學術及觀念，具體展示脫胎換骨，由人走上超人的途徑。列子，這個御風而行的人，千多年來敲打著人們的靈魂，要人們從一切自設的框架中突圍，成就天地間的自在逍遙……偉哉！列子！

本書先由張振熔將錄音轉成文字，宏忍師擔任電腦排字，二人並負責查核資料，後王愛華亦參與查對資料工作。最後補講部分，係馬宏達記錄整理，全書小標題則為編者所加。

劉雨虹　記

二〇一〇年五月於廟港

26《孟子與公孫丑》

《孟子與公孫丑》出版說明

自從一九七六年南師懷瑾先生講完《孟子》以來，至今已是三十五個年頭了。當時是應台灣青年戰士報唐社長之邀請，在該社所作的公開講課。為了使年輕聽眾易於了解，南師是與歷史配合，且以輕鬆淺顯方式講解，俾使聽眾能深入經典中的真義和精神。

《孟子》全書共七篇，第一篇〈梁惠王〉於一九八四年出版，書名為《孟子旁通》（一）。惟世事無常，次年南師又應邀前往美國，《孟子》其餘各篇記錄，皆隨帶至美，後又輾轉各地，至今始得重啟整理工作。

《孟子》這本書，是中國傳統文化中重要的儒家典籍。孟子生於戰國時代，他繼承了孔子的精神，始終為人倫正義，為道德政治奔走呼號。所以在

《孟子》書中所記述的，不僅是為政的原理準則，更是人人身心道德修養的基本。

數千年來，孔孟之道為什麼如此受到重視？正如南師在《孟子旁通》前言所說，孔孟的一生，「始終為崇高的理想而努力，放棄了自我而為天下人著想，為千秋萬代著想，因此也就受到人們一種超越的崇敬，稱之為聖人」。

時至廿一世紀的今天，孔孟學說，在世界各地皆有蓬勃而起的趨勢，現《孟子》〈公孫丑〉篇，已在南師指導下，先行整理出版，其餘各篇，亦將加緊整理工作，陸續印行出版，以饗愛護傳統文化的讀者。

再者，本書雖為《孟子》的第二篇，由於各篇亦可單獨閱讀唸誦，故而另定書名為《孟子與公孫丑》。未來各篇，亦將各定書名，不再沿用《孟子旁通》原書名。

《孟子》全書的講解紀錄，原為蔡策當時中文速記，後再謄寫，並略作初步整理。在手寫的原稿中，也見有李淑君及另一人的整理筆跡，但迄未完稿。編者據此再做整理，完成工作。惟本書中小標題，仍保留蔡策所擬。

在蔡策手寫原稿中，歷經三十餘年的歲月，頗多殘破，外加零亂難識，經新加入的彭敬，細心辨認，始得以輸入電腦。

另義務協助校對，查資料等工作的謝錦揚、宏忍師等各位，在此也一併多謝了。

劉雨虹　記

二〇一一年一月廟港

27《瑜伽師地論——聲聞地講錄》

《瑜伽師地論——聲聞地講錄》出版說明

唐代的玄奘大師，對中華文化的貢獻盡人皆知。在他西行留學取經的過程中，最令世人震驚的，是他以超越的、不可思議的意志力，克服了種種的艱難困苦。

尤為奇特者，在玄奘大師攜回的諸多經典中，這本《瑜伽師地論》最為殊勝，因為那是印度一百多歲的戒賢大師，專為東土大唐的玄奘大師傳授的佛法精髓。

《瑜伽師地論》共分十七地，內容是從五趣雜居地，到天人之際，到聲聞地、緣覺地，直到十位菩薩地的五乘道。包括了從開始學佛修行，直到成佛的全部過程和方法。這也是公認為學佛修持首要必讀的典籍，不了解的話，則修法如瞎子摸象，難獲佛法的全貌。

唐貞觀二十二年（西元六四八年），《瑜伽師地論》翻譯完成。那是一千四百多年前的古文時代，玄奘大師的翻譯，又是由古印度文直譯的方式，文氣與中華文化的傳統習俗，頗有距離，故而令人有艱澀難懂之嘆。

一千多年來，講解這本論著的亦不乏人，但多以解釋文字為主，因為能夠真正講解《瑜伽師地論》的，必須具備下列的幾個條件：一、通曉佛法的真實義理；二、修法有證量，有果位；三、具備古文的學養基礎；四、具備上師教化的能力。

從玄奘大師時代到現在，學佛證果者有之，精通佛法義理者有之，古文練達者有之，具備上師教化能力者亦有之；但是集全部條件於一身者，據一般所知，迄未出現，也未聽說。

一九八〇年，台灣有一群學佛的幸運兒，有機緣聆聽南師懷瑾先生講解《瑜伽師地論》的課程。由於南師曾得禪宗大師袁煥仙先生的印證，並受貢噶呼圖克圖印證為密教各宗派的上師，所以肩負了傳法的重任。多年來，期待高明行者出台講授未果，後於十方書院的機緣，才開設這門課程。

此次的課程重點，是挑選聲聞地修定的部分，希望對真正修定的行者，有所幫助。所注重的，是聲聞乘出家眾的修證方面。為此之故，南師常以人我的實際經歷來加以說明，並配合義理講解。

在講課中最啟發學人之處，是警惕出家眾自我認識，以避免修持路上誤入歧途。修行人為什麼會入歧途？

曾有人說，認岔道為正道，就是入魔境，原因是不自知之故。但是為什麼不自知呢？原因是理不明之故。所以先要明理，才能認清歧路，捨歧路才可進入正途。《瑜伽師地論》的邏輯清晰，條理分明，列舉各種歧途岔路，指引行者，甚為可貴。

本書古印度文原來的敘述方式，是先說明內容，再逐項解釋，讀者不免會誤以為是重複；有時兩句中，只有一字之差，很容易被忽略，所以特別提醒讀者注意。又此次講課用書，係採用真善美出版社的版本。

這本書的原始講課錄音，先是張振熔為學習故，於每晚工餘後，辛勞努力，轉記成文字。宏忍師及編者等，逕相傳閱，深感其重要性，不出版太可惜，故而隨即開始整理工作，時在二〇一一年三月。

特別要說明的是，在南師審定這本書稿時，有增添，有刪減，也有修正。因為講話常有口誤，又多重複且不太嚴謹。再者，耳識與眼識接受資訊的效果是非常不同的，所以把講演轉變為文字時，必須加以整理。更重要的是，必須經過原講人核訂認可，才不致有誤。

放眼網路，多年來，太多未經許可而將南師所講整理成文者，而且又廣為流通。其用心雖善，但對原講人毫無尊重，對文字內容亦不負責，實可悲可嘆之至。

編者在整理的過程中，幸得宏忍師協助，查對經典、參考資料等，且細心校對。另多次修改的草稿皆由彭敬打字，最後再經南師逐字逐句審定修正才得出版。又書中小標題為編者所加，書名則為南師所定。

劉雨虹　記

二〇一二年二月廟港

28《廿一世紀初的前言後語》

《廿一世紀初的前言後語》出版說明

在紛紛擾擾的世事中，我們迎來了二十一世紀。中國人有句古話，十年河東，十年河西，說明人事多變，環境多變，而最令人心驚的，是人心的多變。

南師懷瑾先生常謂：立國之本是文化。中華民族歷經千年萬載，文化源遠流長，在新世紀到來之初，正值世界瞬息萬變之際，炎黃子孫何去何從，不免令人茫然若失，徒呼奈何。

南師先於世紀之初，因感文化教育之重要，撰文自訴，即本書第一篇「中國文化教育的自訴」。文中，南師從遠古夏商周說起，直到抗日戰爭時期。在幾千年的歷史長河中，一脈相承的中華民族文化、歷史、教育、生活，以及與政治、經濟交互影響所產生的演變，敘述清晰扼要，發人深省，令人有撥雲見日之感。

後因南師又屢經各方敦請，遂隨緣講課，內容涉及廣泛，但終不離文化之根本。現將各篇講記整理，集結成冊出版，一則突顯眾所關心之話題，二則以饗長年熱心的讀者朋友。並盼大家為文化故，有志一同，則光明之前景，必定在望矣。

劉雨虹　記

二〇一二年四月於廟港

29《孟子與離婁》

《孟子與離婁》出版說明

離婁這個人，並非孟子的學生，他是早於孟子時代的人，是一個特別聰明的人。

從〈離婁〉這章開始，屬於《孟子》的下半部，由文章的性質看來，這下半部發揮孔子思想的精神，具體而微，並且深入又廣闊的闡釋了中華悠久的文化傳統。

孟子從離婁的聰明說起，再講到作人做事的規範，君臣之道，父子家人相處之道，以及禮的問題等……最重要的，是有關個人的修養，以及如何成為一個有品有格的人。

古人所謂：「得民心者得天下」這句話，就是脫胎於《孟子》這篇中的

「得其民，斯得天下矣」，這也算是孟子的民主思想吧。

最妙的是，孟子在篇尾說了一個笑話；孟老夫子說笑話，雖非幽默大師，卻也呈現出他為人師表的輕鬆人情味的面貌，可敬又可愛。

本書在印行前，已經南師懷瑾先生審定了。

劉雨虹　記

二〇一二年五月廟港

30《孟子與萬章》

《孟子與萬章》出版說明

在《孟子》一書的七篇中，〈萬章〉這一篇最短，但卻最引人入勝；原因是孟子與萬章師生二人，問答犀利，又充滿禪機，內容所涉及的，有些更是數千年來炎黃子孫心中的疑問。

譬如說，堯舜真像歷史記載的那麼偉大嗎？而且，舜的家庭父子之間，是不是真的那樣不近人情呢？……

再說魯繆公贈食子思一事，這位《中庸》的作者，孔子的孫子，為什麼認為君主是以犬馬相待呢？

〈萬章〉下篇中，更有一個鐵證，說明宋儒對不孝有三的解釋是錯誤的。這個影響我們千多年的謬解，在〈離婁〉篇已有說明，在本篇下章，孟子說，「仕非為貧也」這句話，澈底粉碎了朱熹所謂：「家貧不仕」為不孝的說法。

對《孟子》一書，後人註釋多，誤解更多，幾千年來的各種不求甚解的說法，對我們先聖先賢造成的誤解，太多太多了。

南師懷瑾先生，再次帶領大家深入研讀並解析孔孟思想的原義，令人豁然於胸；再加孟子和萬章師生針鋒相對的妙問妙答，故而說引人入勝。

劉雨虹　記

二〇一二年八月廟港

31《太極拳與靜坐》

《太極拳與靜坐》出版說明

偶翻舊文稿，看到南師懷瑾先生講太極拳的這篇文章。當年雖曾看過，但現在再看才發現，這篇文章既高且深，可能是南師親自撰寫。

中國的太極拳，早已風行全世界，近年來，國外更有醫學報告，證明太極拳有緩解老年癡呆症的功效。

這篇講記是在一九六六年，南師應邀於台灣立法院第二會議廳所講，題目是「太極拳與道功」。難得的是，在講演的過程中，南師將自己學拳、學功、學道、學仙的多種經歷，說得清清楚楚。這都是中國傳統文化道家學養的內涵。現正值復興文化之際，特印行出版，作為讀者的參考。

本集另一篇是一九八七年，南師在美國時，與學子們有關靜坐的問答記錄。當時大多是初學的人，所以問題各式各樣十分有趣。但對學習靜坐而言，不論是初學或已學，南師的回答，提供了正確的觀念，雖云淺顯，但卻是重點。現將兩篇合併出版，以饗讀者。

又，當年邀請南師講演的韓振聲先生，為台灣太極拳協會會長，為人幽默風趣，常以老頑童自謔。後於一九七一年曾參加南師舉辦的禪七活動，現將他的報告附錄於後，亦一巧緣也。

劉雨虹　記

二〇一四年二月廟港

32《孟子與盡心篇》

《孟子與盡心篇》出版說明

《孟子》的〈盡心〉篇，是全書的最後一篇，也是全部《孟子》的結論，更是《孟子》的重要中心思想。

孟子認為，仁道就是人道，而人道是以心為中心的，所以盡其心就是這個道。

孟子講到性與命的問題，命功是由修養可得；而性功則要識見透澈，屬於智慧方面的成就。

孟子將性與命雙修的道理，解釋得十分具體，十分透澈；更將內聖外王之學，表達得充分無遺。

在這一篇中，孟子更說到民主的問題，所謂的「民為貴」，並不是民為主；孟子的思想，是以民主為基礎，而以君主制度，實施民主精神的管理。孟子這種想法，似乎是以民為本的，可以稱為民本制度。

孟子也感嘆專才多，通才少的問題，專才與專才之間，溝通不易，管理需要的不是專才，而是善於溝通意見，協調各方的通才。

二〇一一年的春季，在《孟子》的七篇之中，有尚未出版的三篇（〈滕文公〉〈告子〉〈盡心〉），已全部整理完畢，等待南師懷瑾先生的審閱。但那時先生已眼力欠佳，閱讀不太可能，無奈之下，即由宏忍師於每日中午時分，給先生唸〈盡心〉篇整理文稿數頁，先生則隨時訂正，連續兩月始告完畢。

之後，先生稍有空閒，再由牟煉代唸〈告子〉篇的整理文稿，本擬仍按《孟子》原書次序〈滕文公〉〈告子〉〈盡心〉，陸續出版。無奈先生忽於二〇一二年九月辭世，環境人事接連大變，只能望洋興嘆。

現先生辭世已過一年，此篇先行面世，其餘兩篇，亦將接續印行出版，以圓滿先生講解《孟子》之深意。

劉雨虹　記

二〇一四年三月廟港

33 《禪海蠡測》

《禪海蠡測》出版說明

六十年前在台灣，南師懷瑾先生撰寫了這本《禪海蠡測》，當時的先生，只有三十六歲。但是這本書，經過歲歲月月，早已公認為是中華文化的傳世經典之作。

蠡測是什麼？蠡字令不少讀者卻步，對內文美不勝收的這本書，因而失之交臂。其實蠡是一支瓢，用一瓢海水去測禪海，這只是先生自謙之辭。

禪宗源自印度，但先生曾說，在魏晉南北朝時，中國已經有禪，就是誌公禪。達摩祖師來到中國後，經中華文化的沃土培育，與中國禪，孔孟老莊及諸子百家等，交融互通，而開花結果，枝繁葉茂，光芒四射，為世界所公認的中華文化。

這本書首於一九五五年面世，由自由出版社出版，定價二十元新台幣。在書的背面，印有「為保衛民族文化而戰」的字樣。因為經過多年的戰亂，文化像一片沙漠，所以先生要為保衛民族文化而奮鬥，而且，終身努力不懈。

此書在出版後十八年，先生曾略加修訂，重新出版，四十年又過去了，此書經過不斷的印行流通，不知何故，卻有不少誤差。或字體分別不清，或標點令文意模糊，或一字之差變成錯誤等。一本流通六十年之久的書，其間有盜印，改印，魚目混珠，在所難免。

現在，先生仙去已近兩載，回憶先生的教化，特聚三五同學同好，細心檢閱流行版本，並參酌原始一九五五年版本，再加訂正。除用字加以統一化外，有問題處亦已根據經典修正，並加標明，另版面排列也略加調整。但吾等因才學所限，只能盡力而為，企盼有方便於讀者而已。

又，為紀念先生的初心，封面封底仍援用最初文字，並附先生三十六歲時照片，以追懷當年之壯舉。

劉雨虹

二〇一四年六月

34《中國道教發展史略述》

《中國道教發展史略述》出版說明

在一九七〇年代初，南師懷瑾先生曾任教於台灣輔仁大學哲學系。當時除了該校學生對道家的學術文化喜愛研究外，其他大專院校的學生們，也常去聽講，興趣濃厚。這本有關道教發展史的書，主要內容是先生講課的論文教材。一九八五年七月，先生應邀赴美，台北老古文化公司的業務，留交給陳世志君負責。當時先生已有十餘冊著述出版，但積存講課記錄尚多，這本有關道教方面的書，內容除先生所編寫的外，世志君又收集先生他處有關資料加以補充。先生認為，這本書是簡單的教學講述，並非嚴謹的學術著作，故而書名定為《中國道教發展史略述》。初次在台灣出版是一九八七年，九〇年代，也在大陸有簡體字版本。現在，於重加修訂出版之際，特予說明，以告讀者。

劉雨虹　記

二〇一四年七月

35《孟子與滕文公、告子》

《孟子與滕文公、告子》出版說明

南師懷瑾先生有關《孟子》一書的系列講座，共有七篇，其中五篇皆已先後出版，《孟子旁通》《孟子與公孫丑》《孟子與離婁》《孟子與萬章》以及《孟子與盡心篇》。尚有〈滕文公〉與〈告子〉兩篇，現合併一書印行，完成全部《孟子》講述出版。

為什麼兩篇合併為一呢？原因是〈滕文公〉一篇的講記，大部分已遺失，只有小部分記錄稿尚存。先生本擬有機會補講，但始終未能如願。

二〇一一年春，〈滕文公〉篇部分殘稿整理完畢，並唸給先生校定。本篇雖僅足萬餘字，但在孟子一生教化過程中，卻顯示出這位滕文公，是一個遵守孟子師教的一等學生。

有關〈告子〉篇，內容包括甚廣，諸如人性的問題，人格人品的問題，君子與小人的問題，財與禮的問題，以及一個知識分子應有的修養問題等。基本上，這些問題都屬於內學的範疇，也就是所謂的內聖外王的內聖之學。

本篇中有許多辭句，後來皆成為人們慣用的典故，如「魚與熊掌不可得兼」，「人貴自立」，「捨生取義」，「生於憂患，死於安樂」……等等。而最經典的一句則是，「天將降大任於是人也，必先苦其心志，勞其筋骨……」這句話，自古以來就經常被人引用，以鼓勵身陷艱困中奮鬥的人士。

特別要指出的是，孟子在本篇所講的「禮」，以及作人的進退之道，在世風日下的今日世界，也許是家庭和學校須要特別注意的問題。

〈告子〉這一篇，於整理完畢後，因為先生眼疾之故，難於親閱，改由牟煉用唸讀的辦法，請師審定。遺憾的是，只完成四分之一就停止了，那是先生辭世前的五月。

物轉星移，又是一年多的日子過去了，無奈之餘，只能重加仔細檢查文稿，期盼能無大過，現趁出版之際，特別說明實情經過，並請各方不吝指正，為禱為幸。

劉雨虹　記

二〇一四年夏於廟港

36《話說中庸》

《話說中庸》出版說明

一九九八年，南師懷瑾先生寓於香港時，撰寫這本《話說中庸》。也像寫《原本大學微言》一樣，先生每日深夜寫千餘字，次日再由宏忍師打字，其間往復修改三數次之多，才告完稿。

這本書稿，本擬繼《原本大學微言》之後，即行出版，但是陰錯陽差的人事變遷，以及內外其他因素，這本書稿卻未能及時出版，一拖就是十幾年至今。

二〇〇八年，先生交代囑咐，先將蔡策先生記錄的《孟子》所餘各篇，編輯整理出版，然後再行出版有關《中庸》的這本書。

奈何《孟子》最後三篇尚未及出版，先生卻意外的悄然離世而去。

面對這本書稿，考慮再三再四，決定將原書稿保持一字不變，另將整理後的全部書稿，作為附錄印出。所作的整理，只有調整長句變短，段落拆解分開，以及簡化字句，另多加小標題等，希望國學涉入較淺的讀者，易於了解。例如：

原稿：但這也不能說完全是在上位者使野有遺賢的過錯。

編改：但野有遺賢，也不能說完全是在上位者的錯。

原稿：那是自己平常對家庭父母親屬之間，並沒有做到合於人倫之道的孝順品行，所以便沒有得到朋友社會之間的讚許和稱譽。

編改：由於自己對父母親屬，沒有做到合於人倫之道的孝順品行，所以得不到朋友社會的讚許和信任。

原稿：「誠」，就是天性本具率真的直道，但它賦予在每一個人生身之後的後天人性之中，人們卻需要借重學養的修行，才能重新返還而合於原先本有具足的自性。

編改：「誠」，就是天性本具率真的直道，但人出生後的後天人性，卻需要借重學養修行，才能返合於本有具足的自性。

先生的原稿，是以講課的方式撰寫的，不像一般論文那樣嚴肅，目的是使讀者易於了解。所以在整理的過程中，斟酌考慮甚多，難以圓滿，也因自身學養能力不足之故，只能勉力而為。

另外經過兩年多的資料搜集整理，先生的簡單年譜已初步完成，特附錄於書後。

協助工作的，除宏忍師、牟煉外，彭敬始終參與修訂工作，十分辛勞，忙碌了一兩年，這本書終於可與讀者見面了。

劉雨虹　記

二〇一五年元月

37《大圓滿禪定休息簡說》

《大圓滿禪定休息簡說》出版說明

一九七九年的六月，南師懷瑾先生開了一門課，講解密宗的一個法本，就是《大圓滿禪定休息清淨車解》。

南師雖為貢噶上師認可，具備傳授密法的資格，但在台灣居留的三十多年之中，始終不太願意傳講密法，他說：「我反對一般人學密宗，因為不把禪宗修成，不到達禪宗明心見性這個階段的，去學密宗，沒有不走入魔道的。」

先生又說：「我要有精神的話，就把密宗所有方法的錯誤之處，都講出來，他們執著在哪裡？同樣是受陰境界。」其實在本書中，先生也已經講了不少。

這次為什麼會講密法呢？因為是應「大乘學舍」出家眾之請；也因為這個法本是有關禪定方面的修持。修禪定是各宗派共通的法門，所以，這次是以佛法的立場來講的。參加聽課的人，除出家眾外，在家人更多，編者也是聽眾之一。

先生在講這門課時，一反往常，十分嚴厲，蓋因出家眾是以修行為主，所以先生在講解時，常警語連連。如說：

「學佛學道的原則，就是反省的工夫，反省的學問，也就是檢查自己內在最深處的行為科學。」

「你們哪有資格學佛！平時講道理，牛吹得那麼大，種的是惡道的業。」

「講白骨觀已告訴你，你們不但我慢貢高，這四個字對你們太客氣了，說真話，只有兩個字：混蛋。」

「在座很多學佛的，哪個夠條件？都是求智慧，求增壽增福，想進帳。」

「那個住茅蓬的和尚，幾十年也沒有把道理弄通！戒行好，行持好，理不通又有何用？」

見地方面，先生說了一句極重要的話，他說：「一般人都把境界當成道，但是，覺悟實相般若的『覺』，可不是境界」。並且說，「如不能頓悟，（這個法本）告訴你如何漸修。」

這次講課不准錄音，以免隨意傳播，斷章取義，反而好心得惡果。但出家眾須寫筆記，並繳呈先生批閱。

這本書是根據多人筆記整理而成。在全部十八講中，前七講是經過先生審閱批改的；後十一講則難以確定。所以在整理過程中，多次反覆與宏忍師共同檢閱筆記文稿，並與其他筆記對比參酌。其中以禪定尼師的筆記較為詳細完整。

三年多前先生在時，宏忍師已將記錄稿集中核校，再由邱珍珍、烏慈親二位女士輸入電腦存檔，本書內容小標題則為編者所加。這本書得以出版，幫忙的人不少，在此一併致謝了。

此書出版印行時，簡化書名為《大圓滿禪定休息簡說》。另南師於一九四五年曾受密教三壇大戒，戒牒副本附錄於書後。

劉雨虹　記

二〇一五年四月於廟港

38《對日抗戰的點點滴滴》

《對日抗戰的點點滴滴》出版說明

二〇〇三年的十一月廿六日，南公懷瑾先生在香港寓所，接待了一位訪客，這位名叫楊麟的客人，少年時代正值對日抗戰，他在將屆八十高齡之年，憶及抗戰的歲月，就想製作一部紀錄片，將抗戰初期青年學子顛沛流離的艱苦逃亡情況，留傳於後世。

這本小書，是南公針對此事的談話，但內容除了南公個人的所見、所聞、所經歷外，頗有一些鮮為人知的人和事。在輕鬆的回憶言談中，更不時流露出南式的幽默，令人莞薾。

楊先生後即製成《去大後方》紀錄片，於電視台多次播放。今逢抗戰勝利七十週年之際，特檢出南公談話紀錄印行，一則勿忘國恥及抗戰之苦，一則與大家共勉未來，為國為家共同奮鬥，走向光明。

有關南公二〇〇四年，在《去大後方》紀錄片發行時的談話紀錄，亦一併附錄於後。

劉雨虹　記

二〇一五年夏

39《孔子和他的弟子們》（原名《孔學新語》）

《孔子和他的弟子們》（原名《孔學新語》）出版說明

這本書原名為《孔學新語》，是南師懷瑾先生，在五〇年代末期，對少數學子的講解整理而成。後於一九六二年，由「淨名學舍」出版，記錄者為巫文芳，校對者為朱文光。

有趣的是，那時的南師，正住在台北泰順街六十巷的蓬萊新村三號，那裡就是「淨名學舍」，也是青年學子前來受教聽課的地方。如編者後來所認識的朱文光、林曦、杭紀東、巫文芳等，都是當時經常前來求教於南師的學子。而南師所教，除儒學外，還有詩詞文章，易學等，頗為多樣。

在《論語》二十篇中，當時南師才講了六篇。雖然只有六篇，但在台灣卻開始發酵。首先是在軍方，邀約南師前往講演的，遍及陸海空三軍，之後各界也陸續邀約不斷。經過多年的講解《論語》，累積整理，終於在十四年後的一九七六年，出版了《論語別裁》。

《論語》是傳統文化中的重要典籍，南師幼年已經熟讀。及長，因遊心於佛道，且參究禪法有得，於再次重研儒學之際，則另為悟入儒學之精華所在，故於重新講解儒學時，行文說法，不時流露禪風，以曾子悟道為最。

早在四十七年前，編者於南師處蒙贈《孔學新語》一書，始克對中華傳統文化產生新觀念。因念及時下青年學子之閱讀習慣尚簡，並為初學之方便計，特檢出此書再版，趁機將文句略加口語化，並將書名改為《孔子和他的弟子們》，期能為年輕一代，略開易入之門。

此書再版，從文字輸入電腦工作開始，到查證資料等工作，皆為晏浩學友於工餘之暇擔任，在此特別致謝。小標題則為編者所加。

劉雨虹　記

二〇一六年夏月

40《禪宗新語》（原名《禪話》）

《禪宗新語》（原名《禪話》）出版說明

說到禪宗，一般都知道，是由印度的達摩大師，在南北朝時傳入中國的。但在《禪宗新語》這本書中，也告訴我們，早在達摩大師來到中國之前，中華本土就已經有了禪宗。

《禪宗新語》這本書，內容共十三篇，最初是分期刊登在《人文世界》月刊上的。這個月刊，本是南師懷瑾先生，於一九七〇年，在台灣所創辦。每期皆有三數篇南師的文章，各以不同的筆名發表。本書中的各篇，係以「南懷瑾講，席之珍記」的名義刊登的。實際上，各篇皆為南師親自撰寫，並非講錄。而所謂「新語」，乃是南師所作的解評。

書中各篇，除了講解禪宗的起源、發展、演變外，其重點都很關鍵，對於認識禪宗，或參究禪法的人來說，可以建立一個正確的觀念。如繼續前行，才不致隨俗誤入野狐禪或狂禪之流。

所以說，本書的內容，是十分嚴謹的。

本書在一九七三年初次出版時，是以「禪話」作為書名。今值修訂重新出版之際，恢復原來名稱，「禪宗新語」。

出版工作過程，仍由晏浩學友負責文字的轉換工作，歐陽哲參與校對，其他幫忙的很多，在此一併致謝了。

劉雨虹　記

二〇一六年夏月

41《靜坐修道與長生不老》

《靜坐修道與長生不老》新版說明

本書的內容，原是許多短篇，從一九七〇年五月開始，連續刊登於《人文世界》月刊。由於各方的反應熱烈，於一九七三年集結成冊出版。

關於靜坐的法門，以往流行的兩本書，《因是子靜坐法》和從日本傳回的《岡田靜坐法》，內容都較簡單，而南師懷瑾先生所撰寫的這本有關靜坐方面的文章，則是集合了道家、佛家等各方面的資料與經驗，內容嚴謹精要，故而始終流行不衰。

一九八四年，朱文光博士將本書譯為英文，在美國由 Samuel Weiser公司出版發行。後於國際書展時，被葡萄牙、義大利等國轉譯為該國文字。

此次再版，除重加訂正外，各種靜坐方式照片亦重新拍攝，並由學友何碧默（瑜珈教師）作姿勢示範。

另原附於書末，譯自《禪海蠡測》的〈修定與參禪法要〉一文，因完整譯本《禪海蠡測語譯》已經出版，此次即不再附錄。

劉雨虹　記

二〇一六年夏月

42《新舊教育的變與惑》（原名《新舊的一代》）

《新舊教育的變與惑》（原名《新舊的一代》）新版說明

這本書是集合許多短篇文章而成的，每篇都是南師懷瑾先生所寫，最初是在台灣的《人文世界》月刊上，分期刊登。

《人文世界》月刊是南師在一九七一年所創辦，當年的五月正式出版第一期。此後每期皆有南師親撰文章至少三篇。內容則包含對各家學術的探討，心性修養，以及對教育、青少年等問題的研究，陸續皆以記錄文形式發表。一年多後，因工作繁忙，文章也漸漸少寫了。

一九七七年二月十八日（農曆丁巳年正月初一），南師開始閉方便關，並囑古國治同學成立老古出版社（四年後改為老古文化事業公司）。這本書就在當年的九月出版了，書名是《新舊的一代》。後在大陸印行簡體字版時，書名改為《亦新亦舊的一代》。

南師一向重視教育問題，本書內容，談及教育文化方面的篇章較多，故在重新修訂出版之際，更改書名為《新舊教育的變與惑》，並略述本書源起，以告讀者。

劉雨虹　記

二〇一六年夏月

43《我的故事我的詩》

《我的故事我的詩》出版說明

這並不是一本只談作詩的書。

一九九五年，南師懷瑾先生在香港的那段時間，有一個北京前來的王先生（學信），因為欣賞南師的詩作，有意將詩集加以注釋，以方便愛詩的讀者們；也因為愛好南詩的讀者們，早已發現，南師用典甚多甚廣，如對歷史文化各方面不大熟悉的話，是很難深入了解南詩的。

於是六月廿六日，一連四天的下午，南師開始追憶昔日學詩、作詩的情境。寫人、寫事、寫史，都是詩，更寫心中說不完的這些人，那些事……

令人吃驚的是，南師是從自己的童年說起的，說到少年、青年、中年，更說了不少從未說過的點點滴滴，那是一個孩子從小長大的心路歷程……

原來大家心目中的南師，是這樣懷抱理想長大的！他自然又隨興的說著自己的內心深處，令人如沐春風。現在，已離我們遠去的那個南詩人，又在敲打著大家的心靈……

本講記是張振熔早幾年聽錄音記錄的，宏忍師、牟煉、彭敬幾位對年代、人名等作了核對，查證。小標題乃編者所加。

劉雨虹　記

二〇一七年夏

44《洞山指月》

《洞山指月》出版說明

（一）

二〇〇六年二月初，春節過後不久，位於江西宜豐的禪宗祖庭，傳說有整修為觀光旅遊之地的計劃。南師懷瑾先生聞訊後，當即囑古道師前往探訪了解，並修書兩封，致當地政府領導，盼能保持祖庭原貌，以維護禪文化的歷史遺跡。

三月三十一日起，古道師即出發前往江西，在十七天的時間裡，探訪了馬祖、百丈、黃檗、臨濟、曹洞、仰山等祖庭，向南師所作報告，集結成冊出版，名為《禪之旅》。

（二）

在古道師江西探訪之行後，南師即不斷與有關各方聯繫溝通，對一切情況作更進一步的了解。迨至二〇〇九年，才決定對洞山祖庭進行復建。

南師首先囑咐登琨艷製作設計規劃圖，隨即宣佈洞山祖庭的復建，需籌募資金。那天晚餐時，同學們聽到消息，即踴躍贊助，當晚李慈雄、呂松濤、陳金霞各捐兩千萬元，另有一人捐一千萬元。數日後李慈雄再加增兩千萬元，在施工的末期，陳萍也捐助一千萬元。其餘小額捐款也不少。

（三）

諸事已定，南師開始帶領同學們再讀《指月錄》，並對有關曹洞宗的特點、學術，以及修持和傳承等重點，加以較深入地研究討論。所以自二〇〇九年下半年開始，每日晚餐後，大眾共同唸誦《指月錄》的篇章，先由古道師用白話講說一遍，再由同學們自由發言，或提問，或表達看法。而南師則隨時或加解說，或導正，或糾錯，偶而亦有禪機靈光一現，只不過大家多半接不住罷了。

由於同學們事先多有用功準備，故而討論熱烈，此起彼落，一時之間，室內氣氛儼然古之書院再現，激發思維，引人入勝。

這本書就是當時討論的記錄。

（四）

在本書中，除了南師對禪宗的發展、演變講得極為詳盡外，更罕見的是，南師對修持和悟道，表達了特別看法。

舉例來說，南師認為：

1. 有關禪宗所謂的大徹大悟，有些修行人的境界，並非大徹大悟，依照唯識的學理，「這不過是第六意識的分別不起，還不是究竟。」（第廿三講 P.447）

2. 「曹洞宗以〈參同契〉配合《易經》來講修持、工夫與見地，抽出離卦來講，我認為沒有必要，而且把佛法的修持反而搞亂了……五

宗宗派都有問題，把佛法搞亂了，也搞亂了修定。」（第廿六講 P.484）

3. 禪宗本是不立文字的，各宗派越想說明修持的方法，反而越來越遠。所以，「臨濟宗也好，曹洞宗也好，五宗宗派必然會衰落。」（第廿五講 P.468）

4. 看到達摩以來，禪宗的演變，對於圓明清淨自性的佛法，禪宗所用單刀直入的法門，已被破壞了。南師認為「現代要真修行，連禪宗這些都沒有用，還是要靠《楞伽經》《楞嚴經》《解深密經》《勝鬘夫人經》《華嚴經》《中論》，再配合修禪定的十六特勝，甚至六妙門，走佛法復古的路線。」（第廿四講 P.456）

禪宗祖師們的努力和成就，使禪的精華融入並豐富了我們的文化，燦爛了我們的歷史，現在祖庭修復了，但是修法之路，南師認為必須要走復古修持的方法，才會成功。

（五）

經過劇變的社會，精神上求解脫者甚眾，學佛打禪七之類的活動，風起雲湧，芸芸大師們，各領風騷，歎為觀止。但南師暮鼓晨鐘的警語，諄諄告誡的言辭，對真心修行的人，實金玉之珍貴，肺腑之良言。

本書的出版，首先要感謝恆南書院的王濤學友，因為書中的錄音記錄，除小部分為張振熔所作外，其餘大部分及文字整理，包括書名和小標題等，皆為其獨自擔綱完成，十分辛勞。宏忍師則校對全文，重聽不清晰的部分錄音。另文中有關《易經》部分，彭敬特別核對《易經雜說》，加以修正。

現值南師百年誕辰之際，竭力完成本書出版，公諸於世，與讀者共饗。

劉雨虹　記

二〇一七年丁酉冬月

45 《楞嚴大義今釋》

《楞嚴大義今釋》出版說明

這本書是一九六〇年初次出版的，距今已將近六十年了。那是南師懷瑾先生於一九五五年出版《禪海蠡測》後，又慎重完成的一部重要的述著。這本書又名「宇宙人生真理探原」，說明是脫去宗教外衣的釋論。

此書在初次印行時，是由「淨名學舍」出版，初印三千冊之中，半數印有「贈送本」字樣，委託台北善導寺佛經流通處贈送，所餘部分則由三民書局負責經銷。

一九七八年南師指示版本重新對照經文編排，以方便讀者查對經文，故而本書包括了《楞嚴經》全部經文。書雖然較厚，但卻省去另查經文之勞了。

劉雨虹　記

二〇一八年夏月

46《中醫醫理與道家易經》

《中醫醫理與道家易經》出版說明

這本書是南師懷瑾先生應台灣光華針灸醫院朱院長之請，所作的講課記錄。第一講開始，發表於一九七二年一月的《人文世界》月刊，連續每月發表一講。

中國五千年的歷史文化，淵源流長，其中有關醫藥部分，歷經千多年的應用和發展，十分複雜。一般皆知，中醫與道家、《易經》亦息息相關，但究竟如何，並不十分清楚。

為此之故，朱院長特請南師公開講演，以解眾惑，並使年輕中醫學子，能有正確的認識與瞭解。

南師所講內容，主要是與中醫藥方面的人士，探討諸多值得思考與發展的問題。

例如所謂陰陽、五行干支、八卦等，本是後人套加在中醫學之上的（原始中醫學本來沒有），所以在觀念和理論上，只是保持著一種說法。但是，如果在實際應用方面，用這些原理，反而成為一種束縛或局限。

孔子在〈說卦傳〉中說：「立天之道曰陰與陽，立地之道曰柔與剛，立人之道曰仁與義」，所以剛柔、仁義、以及動靜，都是陰陽之意，如只用陰陽，不免狹窄，不如丟掉陰陽這些包袱，用具體易了解的方式說明，則更能發揮中醫藥的特殊功能。

南師又積極的提出，如能「把握人人自有的活子時，及奇經八脈的道理，研究出一套新的針灸法則，可能是對人類真正重要及有意義的貢獻。」更進一步，如能再與唯識學中的「意識」研究配合，對判斷病情和治療則能更上一層樓的突破了。

在一共十四講的內容中，南師除了學理探討分析外，對於中醫藥的實際應用，以及養生修養方面，亦多有發揮和實例解說，內容極為豐富。

本書內文，並非根據錄音整理，而是由編者聽講的筆記整理而成，所以文字語氣、結構與講記不太相同，但每篇皆經南師審閱後才發表的。

本書的內容，於一九八五年，合併在《道家密宗與東方神祕學》一書中印行，篇名為「道家易經與中醫醫理」，當時只集結了九講。

此次重新整理單獨出版，除檢出其餘五講合為一冊外，並另定書名為「中醫醫理與道家易經」。

在整理出版的過程中，譚廉志教授和晏浩學友幫忙很多，特此致謝了。

劉雨虹　記

二〇一八年秋月

47《傳統身心性命之學的探討》

《傳統身心性命之學的探討》出版說明

南師懷瑾先生，多年來傳授修行法要，並領導實際修持，到了二〇〇八年，已有半個世紀之久了。這一年的南師已屆九十高齡，對諸學子們的企盼，更為殷切，即於七月中旬通知各學子前來，並於八月一日開始，一連十日討論各人修學報告，並再三提醒學習重點，更重覆講解法要。

這次一共十日的講授和討論，隨即由張振熔學友根據錄音記錄，惟因當時忙於《孟子》各篇的整理工作，而拖遲本次記錄整理，直到二〇一六年檢出記錄，始由王濤學友整理全文，並加小標題，於二〇一八年四月十八日完工。

此後即先由宏忍師偕同許江學友校對錄音，馬宏達學友閱全文並提出問題，我也參與校閱三次之多，大家同心協力，務使確實無誤。現於出版印行之際，特記述經過俾讀者易於了解。

劉雨虹　記

二〇一九年元月廿四日

48《君廬之會——二〇〇四年》

《君廬之會——二〇〇四年》出版說明

二〇〇四年七月廿一日，南師懷瑾先生，應科學界人士和朋友們之邀約，在七都君廬別墅（現在名稱為「不夜城假日酒店」），舉行了十日的研討會，題目是「傳統文化與認知科學、生命科學、行為科學研討會」。

這是南師到大陸後初次公開與學術界的討論會，內容廣泛而且深入，與會人士皆發言踴躍，歎未曾有。全程十日。

由於研討會內容較之以往南師所講，涵蓋更為多元，且涉及佛法與科技，但始終無人將錄音轉為文字。直到二〇一七年，才由王濤學友，完成全部文字記錄，並標出小題。

王濤的初稿，曾數次帶來與宏忍師（當時的參與者）等人參研對照，尤其記錄中的人名地名等，更是反覆確認，務求正確無誤。

筆者無緣恭逢其盛，但再三閱讀全部記錄，深感其內容不同凡響，值此出版之際，特加說明，以饗讀者。

劉雨虹　記

二〇二〇年三月

第二部分

劉雨虹女士編著部分

49《禪海蠡測語譯》

《禪海蠡測語譯》譯者的話（一）

美國洛杉磯的一位天文學博士方君，在國外學禪有年，一九七五年秋專程來台，參訪南師懷瑾先生，於返美時，帶走了一本《禪海蠡測》。過了一段時間，方君來信說，雖然努力去看，卻只能懂得一半文字。恰好另有幾位台灣大學和輔仁大學的同學，也在抱怨《禪海蠡測》太古文了，看不懂！在此以前，更經常有讀者來信，談到這本書的難懂問題。於是，我就計劃將《禪海蠡測》翻譯成白話，這就是本書的緣起。

把古文翻譯成白話，真是吃力不討好的事。雖然，時代在進步，人們的古文程度卻在退步，這是學術界及出版界要面對的一個事實，所以不管討好不討好，只要能提高一本書的易懂性，翻譯的工作就算是有價值了。好在，作者南師懷瑾先生，應允審閱譯稿，所以在翻譯工作信、達、雅三要點中，最要緊的信和達，大概還不致發生問題。

豈知在翻譯工作開始後，才知道工作的真正嚴重性，因為這不僅是一本知識學問的書，最重要的，這還是一本參禪用功的指導，所以在用字和表達方面，確實煞費苦心。在工作進行到三分之一的時候，作者審閱後認為仍不夠白話，所以又重新開始，完全採取意譯的方式，只有公案及佛學名辭以及序言等，不作翻譯維持原貌。另外〈佛法與西洋哲學〉一篇，遵師囑，也未作翻譯。

由於本書的翻譯，是捨棄原書的字句結構，採取表達意義的方式，所以，在文字次序上，譯本並不完全與原文相合；如果有人對照原著去查，可能會發現次序顛倒，或者少了一句，或加上好幾句等等。

不深讀此書，不知此書的偉大，作者在三十餘歲的年紀，竟有如此淵博深透的著作，不能不歎為觀止。《禪海蠡測》這本書，像一陣暴風雨，驟降在時代的沙漠裡，在學術上，這是一本重要的著作；在禪門中來說，更是正宗而且高遠。作者將中國文化的百川，納入禪海，又在禪門的指引教化中，隨說隨破；雖用文字，卻不是文字；雖是言語，卻沒有言語。在這個文化荒漠的時代，這本書的出現，實為中華文化之幸，更是讀者之幸！

劉雨虹
一九七六年台北

譯者的話（二）

前面的說明，記得是翻譯時所寫，物轉星移，南師已於二〇一二年九月辭世西去了，各地紛紛舉行紀念活動。

在台灣的追悼會上，有一位曾任老古總經理的陳世志先生，講到一九七七年南師在閉關時，仍在審閱本書的原稿。現抄錄南師「關中記妄」涉及本書部分如下：

「丁巳正月初一日（一九七七年二月十八日）……下午入定一座，

強起治案頭文稿雜事，為劉雨虹《禪海蠡測》文稿修飾，廿餘年寒窗執筆舊夢，宛然如在，頗多感慨。……而後繼續為劉之譯稿審理文義。……繼續看稿，快速不減當年，方知連年懶於執筆，似不能寫作者，皆緣心受事務所累也」。

「正月初六（一九七七年二月二十三日）……近日因審閱劉雨虹譯《禪海蠡測》文稿，趁此拿起此書，自我閱讀一遍，準備清理修訂一遍。此書自民國四十四年秋初版以後，二十二年中，自己從未再看一次。平生寫作任何文字，作成以後，即怕再看一遍，覺得醜陋不堪。等於自己聽自己錄音，自己看自己照片，愈看愈醜。只有此次被迫需要校對，方仔細重讀一次，竟然暗暗嘆息，幾欲為之拍案叫好。自忖如他生來世再來，讀到此書，不知如何低首歸心，敬重供養而禮拜之」。

「正月初七（一九七七年二月二十四日）……審閱劉雨虹改變語體譯《禪海蠡測．神通與禪定章》，較前數章翻譯語文皆大有改變。如此，應可較能普及。時代趨勢，促使文章氣運決非往昔『文以載道』之老路，目前與今後，必須『以道載文』了。此所謂道字，應作方法翻譯，一笑」。

這件事經陳君提起後，急忙尋檢舊稿，喜獲當年手寫語譯《禪海蠡測》原稿，文中並有南師在多處增添之筆跡，而以〈心物一元之佛法概論〉及〈禪宗與理學〉為最多。

本書有些篇章，記得曾在《知見雜誌》刊登，並在《靜坐修道與長生不老》一書中，將本書〈修定與參禪法要〉一篇，作為附錄。

現重拾全部原稿出版，也是初次出版，因緣特殊，時間、環境皆大異昔日，令人感慨甚深。天下事難言，一切莫非定數？此書之問世，為南師嗎？為讀者嗎？為文字嗎？為禪宗嗎？為文化嗎？誰知道！

劉雨虹　於廟港

二〇一四年三月

50《禪、風水及其他》

《禪、風水及其他》自序

老古文化公司陳經理說，為應讀者需求，擬出版人文文庫，並收集拙作編成一冊。

多年後再看自己昔日的文字，訝異當初多事，寫這些文章幹什麼！累人累己，本來無一物，偏去惹塵埃！

無奈何！既不能反對，只好贊成，強稱之謂：共襄盛舉，實乃聊充磚瓦，以茲引玉耳！

值此機緣，還得從俗，不免自說自話，以告讀者如下：

有關禪的部分——那只是方便說法，門外淺介而已，與禪相去究有多遠，亦不自知，反正很遠就對啦！

有關風水部分——作者心存期望，盼同胞能從正統文化角度去了解風水，不可人云亦云，以掃除走火入魔的心態，破除迷信的觀念，故而〈風水的問題〉及〈風水和因果〉等篇，立腳點更是很嚴肅的。

其他各篇，除〈心淚〉與〈探親〉為親情的描述外，下餘多為遊戲之作，補白之用，博讀者一粲罷了！

一九八六年仲秋於台北

《禪、風水及其他》出版說明

這本書是三十年前出版的，內容包括了許多短篇，多數摘錄於七〇年代的《人文世界》月刊。當時南師懷瑾先生創辦了《人文世界》，每期自寫三篇文章，用筆名。其餘各篇，皆由學友們隨意撰寫，以湊足篇幅。所以大家都是筆名，連南師也有三五個筆名，如高公孫、趙一鈺等等。

一九八五年，南師離台赴美，出版社由陳世志學友負責。有一天我去出版社，陳經理對我說，《人文世界》中有些文章可以編輯成冊出版，只可惜不知道作者們是誰，因為都是筆名。

我說，你指給我看吧，大概我都會知道，因為老師創辦《人文世界》時，我也是參與工作的一員。有趣的是，陳經理給我看的文章中，我所寫的占多數，這也就是本書的起源。

記得南師常說，他從來不愛看出版後自己的文章，總覺得醜陋不堪。此話令人頗有同感，因為當時自己為《人文世界》或《知見》雜誌所寫的短文，都是為雜誌填補空白之用，難登大雅之堂，現在要集結成書出版，真覺汗顏。

時至今日，人人手機，個個電腦，閱讀短文已成流行，故而對這本書，常有倡印再版者。印就印吧，於重校之際，不免憶及南師當年開創文化路途時的艱難困苦，以及學子們的熱切追隨之情，真恍如隔世。

劉雨虹　記

二〇一七年春

51《懷師——我們的南老師》

《懷師——我們的南老師》序言

這是一本前無古人的書，而在以後的日子裡，類似本書的出現，亦非短期可見。

乍一看來，這不過是一本學生祝壽師長的集子，像這類的專集，自古至今，到處都有，為何說這一本是空前的呢？

是的，不論中外古今，有儒師、有道師、有哲學師、有禪師、有醫師、有功夫師等等；但是，集所有之師於一身者，教化四十年者，從學人士上至顯達，下至販夫走卒者，影響海內外文化至深至廣至巨者，除了本書中的老師外，大概是前少古人了。

不僅如此，我們這位老師的教化，從形而上到形而下。他的教化，充滿了智仁勇的精神，豐沛着德智體的內涵，洋溢著真善美的至高無上。

尤有勝者，老師與從學之間，並非僅限於智識的傳授，或普通的交往。老師與每個人之間，都存在有親切的感受，和友誼的情分。如此的時代，如此的老師，如此的教化，如說世上少有，應非虛言吧！

本集中的各篇，只是來自從學老師人中的少數。由於地區、工作、時間等，各種因素，使得篇幅未能更為廣泛和豐富，引為憾事。

在曾從學老師的人們中，有些現在隱世而修，有些是忙於文化的傳播；有些是無時間寫，有些是來不及寫，有些是不能寫，更有些是不敢寫；而本集的這些篇幅中，本來多數是心得報告，以祝賀老師七十壽辰的，後來才想到公諸於世，希望對其他從學者，提供一些可能的參考。

本集末後附錄的兩篇，是轉載中外書報雜誌，對老師有關的評介。曾分別刊載於美國SAMUEL WEISER 公司一九八六年出版的《GRASS MOUNTAIN》一書，以及台灣《幼獅月刊》。

本集的文字，猶如大海的泡沫，透過這些點點滴滴，讀者也許可約略窺測：像大海一樣的老師的片斷消息。

值此機緣，我們更恭祝老師，教化永恆無盡。

（按：此書於一九八七年二月初版）

52《禪門內外——南懷瑾先生側記》

《禪門內外——南懷瑾先生側記》前言

寫書原是一件快樂的事，但這本書卻給我很多麻煩。

最早是書名的問題。在我撰寫的時候，書名擬定《追隨南師懷瑾卅年》，豈知統一公司的林蒼生總經理對我說，這個書名不好，太俗氣了，有些政治圈裡人說話的味道。我覺得有理，於是就開始構思另外的書名。

周夢蝶說《奇逸人中龍》是最恰當的書名，他說這是他心中的南老師。只是我恐外人會批評有吹捧之嫌，不便採用。

凌峰提議的書名是《話說南懷瑾》，他認為書名應該中性，這一點我也同意，但老師的學生門人故舊太多，有人會覺得我不夠恭敬。

陳知涯是大陸版南著《原本大學微言》寫出版說明的人，他說書名乾脆就用《南懷瑾的卅年》好了，因為我是以卅年的個人經歷的立場而寫的。但他還沒有看過書稿，所以不清楚內容。

王學信想了一個很文藝很古典的書名《萍蹤瑣憶》，後來另一個大陸朋友建議的書名為《仰望懷瑾卅年》。

這個建議引發了許多友人的文思，有人說爽性借用「吾於夫子之道宮牆外望耳」的一句話，書名定為《宮牆外望》吧！有人則說不妥，因為把老師比做皇宮裡面的人了，不如用《檻外人語》。「檻外人」不是《紅樓夢》裡的妙玉嗎？也是不行。

又有人說，那就用《倚欄人語》吧，啊喲！那是「斜倚欄杆剔板牙」的人說話，是一則笑話，怎麼行呢！於是不斷地苦思痛想，又麻煩了許多人，最後參酌了勞政武的意見，糊里糊塗總算定下了現在這個書名，腦袋已空，好不好也管不了啦！

書名的麻煩完結了，另一個麻煩才剛剛開始。

我是一九九八年四月動手寫的，今年（九九年）四月完稿，為了收集資料，這一年中與許多朋友聯絡，所以知道這本書的人很多。於是就有人關心，或者希望書中有他們的蹤影，就像人們喜歡與名人明星合照一樣。

老天爺！我何德何能，可以把老師認識的人一網打盡呢！這本書只是「側記」，記述我熟悉的部分，並不是老師的「傳記」。就連我認識的一部分人，也不可能都寫到啊！所以這本書印出來，注定會使有些人失望，會有人不滿和抱怨，這才是我沒有辦法克服的事。

現在我只能在此向大家致歉，請大家原諒我的能力有限，記憶有限。要說的太多了，越想越多，這一本書只是拋磚引玉罷了。相信未來會有人繼續寫，希望將來一切能圓滿如意。

最後，我還要感謝許許多多的朋友，他們中有人提供了照片，有人幫忙找資料，有人與我一同回憶，才能促使這本書的完成。要謝的人太多了，無法一一列出名字，而我最想說的是：多謝，多謝，多謝大家。

劉雨虹　記

一九九九年七月台北

《禪門內外——南懷瑾先生側記》自說自話　作者的話

這本書是在一九九九年四月寫完的，當即將書稿帶至香港，交給老師過目，老師就叫宏忍師在餐桌上唸給大家聽。

由於老古公司多由老師指派同學們代為幫忙管理，所以常有變動；因而此書在老古出版時，只簽兩年合約，以後並未續簽，也就沒有再印了。

這本書出版不久，又授權在大陸印行簡體字版，因出版者自行附加不相干的數據文字，內容也有改動，老師看了頗為不滿，所以也就沒有再續約了。

在我寫這本書時，老師也提供了重要數據；涉及其他同學及友朋們的部分，也都已先請各人過目無誤。所以此書的內容是真實不虛的，唯一的不同，是李登輝的名字，在第二次印刷時，改成了李謙光。現在再行出版，仍用原始書稿，恢復李登輝的名字。

自從老師謝世半年以來，太多的朋友們，讀者們，追念老師，想瞭解老師為文化而努力奮鬥的過程。這本書記載了與老師有關的那些年，那些事，以及我所知道的或參與的事，現在重新印行這本書，希望稍能滿足讀者們的期待和大家的關心。

劉雨虹

二〇一三年三月於廟港

53《舊時代新女性——袁曉園的故事》

《舊時代新女性——袁曉園的故事》作者的話

這本書所寫的袁曉園女士，一生多彩多姿。她以一個從未進過任何現代學校的唸私塾的人，卻能負笈國外，畢業於法國巴黎大學。回國後又擔任過福建省財政廳稅局的副局長，以及外交部派駐印度的副總領事。二次大戰後，曾當選為國民大會代表（江蘇武進）。五十年代末，又任職紐約的聯合國總部，以及商業藝術設計工作等等。她一生中曾寫過最關鍵的三封信，改變了前途和命運。一封是給外交部長張群，一封是給國民政府蔣介石委員長，另一封是給中華人民共和國的總理周恩來。這三封信把不可能的事變成可能了。

曉園一生兩次婚姻，夫妻相處有情又有愛。兩次之間，還穿插了好幾次的戀情，以及與蘇聯愛慕者的奇遇糾葛。在那些年代，實在有些匪夷所思，千奇百怪，所以說她一生多彩多姿，確實不假。

編寫曉園一生的故事和經過，是十年前就定下的工作計劃，但因半途又有撰寫《禪門內外》（南懷瑾先生側記）之事，故而擱置下來。另一個擱置的原因，是資料的核實曠費時日。曉園從出生到百歲高齡，一世紀的光陰，外加時代的變遷，除了記憶中的資料外，還需親友及其他參考資料的比對，務使人物、事件、時間都無誤差。

作者是一九四〇年與曉園在成都初次見面的。當時曉園三十八歲，服務於外交部。作者十九歲，正在考大學。幾年後作者再成為袁家的一份子。

在這漫長的六十年歲月中，作者與曉園的緣份很深，相知亦深。雖身處異地，書信往來密切，故對曉園的一切，了解也非比尋常。

曉園的確是一個不平常的人，她的思想和品格，也有許多值得學習和景仰的地方。譬如說，她堅強而自信，終生努力不懈，她樂觀又富同情心。最重要的是，她雖半生在國外工作，但始終保持一顆中華文化的心，既不媚外，也不自傲或自卑，更從不怨天尤人，把傳統文化的精神充分表達發揮。

但是曉園並不是聖人，她和我們一般人一樣，有自己個人的毛病和習氣，但那是無傷大雅的事。曉園終其一生，自立自強，忠愛國家民族。晚年以詩書畫自娛娛人，沒有煩惱的樂觀的生活著。

這一切，無可否認的，是得力於中華傳統文化的熏陶。所以，晚年的曉園，更積極於推動中華傳統文化的復興。原因無他，是自知一生的受益，就是來自傳統文化。

劉雨虹

二〇〇四年十一月

54 《雲深不知處——南懷瑾先生辭世週年紀念》

《雲深不知處——南懷瑾先生辭世週年紀念》編者的話

這本紀念集，共收錄了廿七篇紀念文，來自北京、上海、台灣、香港以及美國、加拿大等地；作者有企業家，有學者，有醫生，有教育家，也有藝術人、律師、公務員、自由業者和金融界人士。

作者之中，有與南師懷瑾先生相識四五十年者，也有與先生從未謀面者，觀點感受各自不同，但所言皆引人入勝，感人至深。

這裡要稍作說明的，有兩篇文章，一篇的作者，與先生相識最久，超過半世紀；他的〈老師與父親〉一文，記述了南師早年（一九五六）在台灣，與楊管北先生的結識與交往。楊老幼讀古典，學養深厚，且有識人之智，支持南師講學與生活，二十年交情如一，直到一九七七年去世。

另外一篇頗為特別的，作者是美國人雷蒙，他是季辛吉博士事務所的副總裁。二〇一二年的一月，他再次前來問學南師，並自帶一封譯好的中文信，列出問題向先生請教。

當晚編者尚在台北未回，忽然接到南師的電話，說：「今天海英又帶那個美國人雷蒙來了，他問的問題很有意思……」。

中西文化背景不同，觀察思考方向自然也不同。本集將這封信附在他的紀念文之後，並編入南師臨時的簡單回答，以饗讀者。

金風送爽，又是一年秋來到，想起去年種種一切，怎不神傷。

今年元夜時　明月照依舊

不見去年人　淚濕青衫袖

劉雨虹

二〇一三年九月

55《南師所講呼吸法門精要》

《南師所講呼吸法門精要》編者的話（簡體字版）

這本小書的出版，頗有些特殊的因緣背景。

首先是南師懷瑾先生，在宣導文化說法五六十年的經歷中，深感幾世紀來，由於修持方面的障礙和問題，造成行者難以如法，故而修持的人能成功者極為罕見。

南師一生致力於各教派的實證和研究，認為釋迦牟尼佛所傳最快捷修行的兩大法門，未獲真確明瞭，實為行者難以成功的主要原因。

為此之故，近數年來，南師於講課時，常常涉及《達摩禪經》中之十六特勝安那般那法門的解說。

二〇〇七年二月春節講課期間，南師在教授十六特勝並督導同學修持之時，某日，忽然指示編者，將其散見各書及講記中之安那般那修法，加以收集整理，並彙編成冊，以方便學習者修持南師所講呼吸法門精要之參用。這本書就因而產生了。

關於安般法門，除經典中有扼要的提出外，千餘年來，多有大師將個人修法成就，系統輯集成論，其中以六妙門三止三觀最被稱道。

學佛修法，其方式，其制度，在時空不同，對象有異的狀況下，不免形成改變，也是勢所必然。昔日就有百丈禪師創建叢林制度，大改印度規律，當時曾遭嚴苛之抨擊，而佛法卻因之發揚光大。

一般認為，「經、律、論」三者，論著屬個人心得經驗見解之說，故能承受討論或批評；甚至戒「律」部分，除根本性戒外，亦可因時因地重新討論或修訂。

有人說，在了解一種新的修行方法論述時，先需查究是何人所說，何時所說；如果是學者或義理師所講，可列入佛學中作為學術參考。

了。

如果言說者是一位實際修持，而且求證有成的行者，那就要慎重的對待了。

但是，無論如何，修行是有因緣因素的；如對傳法的人，或對所傳的方法有所疑慮；或認為與經典及古賢所說未能完全契合，則可有幾項選擇。其一是自己修證，屆時圓滿自明；其一是改投其他有修有證的大師學習。故而不必斤斤於微末細節。永嘉大師曾說，「大象不遊於兔徑，大悟不拘於小節」。

在這本書中，南師評論了一些修行方法，不管是正說，是反說，讀者定有智慧去深入，去體會。希望這本小書能對修學者提供助益和方便，為禱為盼。

又，本書原稿及編者的話，在二〇〇八年已經南師審閱無誤。

劉雨虹　記

二〇一三年四月廟港

《南師所講呼吸法門精要》再版前言（簡體字版）

一本印了兩萬冊的小書，出版後竟然立即進入暢銷排行第四名，實在令人吃驚，更令人高興。

我說的高興，不是為了名利，而是為了一個想法，現在證明這個想法沒有錯，所以高興。

在編這本小書的時候，也曾費了不少心思，因為現在是人人手機的時代，當看到一本厚重的大書時，必有望而生畏的感覺。尤其是一本需要翻來翻去，看一遍又一遍的書，如果太厚重的話，看了半天還抓不到中心重點，結果多半有始無終，最後置諸於高閣了事。

關於南師懷瑾先生呼吸法門的講解，散見於很多書中，資料很多，取捨頗費思量。在編寫之初，南師雖未明講以多少字為原則，但猜測在一般人的心目中，至少應有十萬字左右，才算是一本書吧！

可是我考慮再三，決定編成半數不到的文字，所以只能算是一本小冊子。

雖然有人認為，字數太少沒有分量，無人注意，但我的想法是，文字簡短明瞭，就容易了解，容易掌握重點，容易產生興趣。所以最後編成了一本入門的小書。

更何況，買一本小書花費有限，買起來方便，看起來方便，想了解也方便，這本小書自然就會普及流通了。

古人說：「山不在高，有仙則靈」；這本小書是：「書不在厚，有益則大」。這不是吹牛，因為，有好幾個讀者，他們呼吸之氣的障礙，都由此書而暢然若失了。多麼令人欣慰啊！

呼吸之氣，是生命存在的基本；而身心修養的初步，更離不開呼吸之氣。所以能夠注意這個氣的問題，就是走上健康之路的第一步了。

現趁此書再版之際，祝願眾生，少病少惱，進而國泰民安，人人健康，人人長壽，人人幸福。

劉雨虹

二〇一三年十一月

《南師所講呼吸法門精要》出版說明

《呼吸法門精要》這本小書，在二〇一三年的八月，首先由上海書店出版社，以簡體字在大陸出版。大概由於書本小，書價低，當然更因為是南老師所講，所以出版後立即進入暢銷排行榜第四名。到了十一月，已是第三次印刷，前後四個月內，共印了十萬冊之多。

可是習慣閱讀正體字的讀者，難免有向隅之嘆；更有許多大陸讀者，反而偏愛台灣繁體字版本。他們認為，繁體字版面，閱之心曠神怡，所以這本書就在台灣印行了。

下頁的「再版前言」和「編者的話」，是在印行簡體字版本時所寫的。

劉雨虹

民國一〇三年四月

56《東拉西扯——說老人、說老師、說老話》

《東拉西扯——說老人、說老師、說老話》作者自說自話

東拉西扯的短文，竟然集結成書出版，實在有些意外。對於大家的厚愛，我十分汗顏。

為什麼寫這些雜七雜八的短文，又在網路上發表呢？說起來也是有些原因的。

二〇一二年的九月，發生了震驚許多人的一件事，南懷瑾老師竟然逝世了。對很多人而言，那是太悲痛太意外的大事，因為，心目中的南老師，應該是活到一百二十歲的啊！

可是，老師卻走了，真的走了，再也見不到了……大家的淚水在流，哀痛在空中瀰漫，在擴散，似乎天地變色，又回到宇宙洪荒……

轉身過去，想起人生路上的荊棘和花朵，想起老師，從前的老師，想起九十年來的自己，想起種種一切……於是提起筆，寫下第一篇，老人、老師、老話。

一年轉眼已過，天地依舊，景物亦然；唯一不同的，是讀者們的鼓勵，偶而靈光一閃，令人喜悅，令人心開，令人忘憂……

可笑的是，我對網路是門外漢，多謝牟煉和彭敬二位小友，代為操持運作，太辛苦他們了。

本書中小標題略有改變，第八十八篇是未曾發表過的，現一併編入，共計九十五篇。

劉雨虹

二〇一四年清明

57《跟著南師打禪七》

《跟著南師打禪七》出版說明

有一天，為了查尋資料，翻閱一九七二年的《人文世界》月刊時，看到有一期〈禪七專刊〉，不免再瀏覽了一番。

天下事有時真巧，正當此時，忽然聽到一個消息說，有一個名叫白中道的美國人，說自己曾從學過南懷瑾老師。於是，四十多年前的往事，又在腦海中活躍起來，因為那次的禪七，就有一個姓白（White）的美國人參加。

其實，這位中文名叫白中道的美國人，是在一九六八年參加過南師主持的禪七，那是在北投的靈泉寺，而此次在蓮雲禪苑參加禪七的美國人，中文名叫白慕堂，他們是不同的兩個人，隨學南師的時間也略有先後。

再說南師一九七二年主持的禪七，就在台北蓮雲禪苑的四樓。參加的共有三十五人，其中除了這個中文很好的美國人白慕堂外，還有一個西藏來的德吉女士。

禪七結束後，就把大家所寫心得和感想，集合編輯了一個專刊，刊登在一九七二年二月期的《人文世界》。由於月刊時間所限，僅得十八篇心得報告；我的一篇，是後來所寫，曾收集在《懷師——我們的南老師》一書中，此次一併刊出。

以往的禪七記錄，多半是記錄南師說些什麼，或與學子的對話問答等。而這次的專刊中，只是參與者自己的心得和感受，其中自然也反映了禪師的教化和點撥。

記得多年後有一天，我曾問過南師，在台灣主持禪七這麼多次（幾乎每年都打七），哪一次是比較成功的呢？

老師略沉吟一下說：「就是初到蓮雲禪苑那一次吧！效果比較好。」

南師如是說，但他只說效果比較好，不牽扯成功不成功的事。

向來在台灣，打七，打禪七，或稱禪修的，都不少，也有打彌陀七的，屬於淨土宗的修法，只有禪師所主持的才算是禪七。

既然南師認為，此次禪七比較算是有些效果的，不如將心得報告印行成冊，也許可提供一些禪七的信息給讀者。如當作散文或普通文章來看，也許還另有一些趣味之處呢。

不過，這次的禪七報告，曾被收錄到《習禪散記》一書中，這本書普遍收集許多摘錄文章，既然南師說此次是有些效果的，似乎應該單獨印行，也許讀者才能從其中尋思到一些所謂效果的蛛絲馬跡。

感謝晏浩和彭敬，對這本書的出版幫忙很多。

劉雨虹　記

二〇一六年夏

58《南懷瑾與楊管北》

《南懷瑾與楊管北》出版說明

南師懷瑾先生，自從一九四九年由大陸來到台灣，至一九八五年離台赴美，總共在台灣居住達三十六年之久。

初到台灣時，由於戰後台灣光復未久，以往又經過日本半個世紀的占領，故而百廢待舉，中華文化不見蹤影，正統佛法更付闕如，令人頗有化外之嘆。

一九五五年，南師所著《禪海蠡測》問世，之後，南師更積極倡導文化之復興，因緣聚會由禪宗起步，隨緣結緣，對孔門學養學術更加竭力推廣。

在台期間，與眾多為學為道的交往之中，有位楊管北先生，二十年來與南師的情誼，甚為特殊，是道情，更是友情，故而特將有關資料檢出，編輯成冊，以饗讀者。

楊管北先生，幼入私塾，熟讀四書五經，後為滬上航業巨子，到台灣後，並任立法委員之職。一九五五年於赴德國開會時，病倒街頭獲救。次年返台，結識南師，學習靜坐，漸入禪宗之學。因有儒學根基，契入較易，頗有所得。

楊老秉承家訓，及傳統文化之教，一向樂善好施，譽遍各方。

本書內容分上下兩篇，上篇有楊老對南師及南師倡導的文化持久支援的記述；有楊老參加禪七的點點滴滴；有南師一九七七年閉關的日記，記錄南師出關探視與死神搏鬥的楊老；另有南師與楊老的互動，以及所言所行，感人至深。

下篇則收錄了楊老有關文化方面的講錄數篇。

可惜的是，因年代久遠，照片收集難得。

感謝晏浩、宏忍師、牟煉、彭敬等各位的協助，本書才得提早編輯完成出版，尚有未盡之處，待來日再補充吧。

劉雨虹　記

二〇一六冬月

59 《說南道北——說老人、說老師、說老話》

《說南道北——說老人、說老師、說老話》出版說明

糊里糊塗又東拉西扯一年多了，就像寫日記一樣，每半月寫一篇，像是人家初一和十五燒香拜佛似的。

其實我常常有不再寫的念頭，奇怪的是，到時候就會有事非寫不可，過後再看，好像也還有點意思，不免想到有一首詩，「當時只是尋常事，過後思量倍有情」，想起老師，想起老友，想起以往種種的事，都是十分有情的啊！

雖是東拉西扯，但內容是真實的，待來日拿不動筆時，翻開給自己看吧！

可以沉醉在美好的回憶之中……

劉雨虹　記

二〇一六年除夕

60《懷師之師——袁公煥仙先生誕辰百卅週年紀念》

《懷師之師——袁公煥仙先生誕辰百卅週年紀念》出版說明

知道南師懷瑾先生的讀者，大概也都會知道袁公煥仙夫子的大名，他是接引南師入禪宗的大師，說起來已是八十多年前的往事了。

南師當年（一九四二年壬午），在袁公主持的靈岩七會中，「亦小小有個入處」，這句話是袁公對虛雲法師說的。數月後，南師即逕赴峨嵋山，有閉關三年之舉。

三年後時事巨變，南師於一九四七年由四川返浙江故里，再年餘轉赴台灣。關山海峽阻隔，直到四十年後的一九八五年，南師離台赴美，始得連繫留川的維摩精舍諸友好，而袁公煥仙夫子，已作古二十載矣。

袁公煥仙夫子自靈岩七會後，率同好創立維摩精舍，在居士文化界，發揚並宏化禪法。當時佛教界的大德們，雖對其不表贊同，且有負面之評者，但袁公倡導結合中國儒道兩家學術，深化禪法之精粹超越，演進發揚，致後之國外文化界，咸認禪為中國之文化，此種說法，應屬中肯之見。

脫掉宗教外衣的禪宗，居士們影響智識分子甚巨，禪宗所謂定慧之學，於智識階層受到歡迎，並流傳國外。近年來，由於學禪之美國蘋果公司的喬布斯，才智表現非凡，致使智識分子中，學習禪法定慧之學者日眾。有人說，居士禪，不離佛法，而無宗教之局限，又匯同傳統文化，似乎成為人類真正想追求的解脫。

不久前，宗性大和尚談及，今年九月為袁公一百卅歲冥誕，擬徵集紀念文章出版。惟因時間倉促，現僅得少數幾篇，不知如何可成一冊。聽到大和尚所說，大家不免想到七八年前，南師為袁公修建靈骨塔之事，曾與宗性大和尚書信往來頻頻，商議諸事，皆有詳細記錄。另有二十多年前有關書信，也一併檢出，編入此冊，雖非洋洋大觀，但已可略窺全貌了。

書名《懷師之師》為牟煉之創意，此冊能如期出版，更要感謝她的辛勞努力。

又，各篇小標題為編者所加。

劉雨虹　記

二〇一七年夏月

61 《百年南師——紀念南懷瑾先生百年誕辰》

《百年南師——紀念南懷瑾先生百年誕辰》出版說明

農曆二月初六，是南師懷瑾先生百年誕辰之日。這個一百年，較之歷史上任何百年，變化都更快速奇特。首先是發生了兩次大規模的世界大戰，橫屍遍野，生靈塗炭。尤其我中華子孫，在這百年之中受盡屈辱，更嚴重的是，自身傳統文化幾遭滅頂之災。

接著是科技的快速發展，帶來了生活的徹底改變。網路、信息、人工智能……種種一切所形成的似真似幻，影響人們的思維，隨之浮沉，人類似乎身心分離，生活在方便快樂又極度不安之中……

值此百年之懷瑾先生，自幼勤讀古籍典章，文史詩詞，以及道藏佛經，甚至筆記小說種種等等。及長又習武練劍，於雲遊闖蕩之歲月，更得禪門心法。

後致力教化，於世事根源，常得見先機；並將儒釋道等之精華，打破舊習，從翰林學院移教於民，傳揚文化於全民，並廣闊人民視野。

先生數十年如一日，足跡由大陸而台灣，而美國，而香港，再回歸本土。先生一生，謙恭好學，慈悲為懷，隨緣教化，或褒或貶，方便多門，因材施教而已。

凡此一切種種，所作所為，五百年來之世，似乎尚未見他人。

本集僅收錄臺、港、美及大陸四地作品數篇，有說情，有說學術，有說世事，有說科技，有說未來應變等等。

特別要一提的是，雷蒙先生原擬另撰文紀念，後因時間關係，而暫以節錄其近著《第七感》中有關先生部分作為替代。

另有陳佐洱先生之篇，原已發表於南懷瑾學術研究會網站，文情並茂內容特殊，各報競相轉載，現亦收錄於本集之中。

先生最早期（五〇年代）在臺從學的年輕人杭紀東，今已八十有七，不久前談及結識南師之經過，有引人入勝之奇，故一併收錄，共誌懷念之情。

本集各篇，以來稿先後為排列原則，首篇作者艾德先生，與台灣因緣甚深，蓋夫人為臺籍之故也。其英文原作附於書後。另新訂正先生年譜，亦附於後。各篇小標題為編者所加。

此集匆匆編印，幫忙的各位學友們，在此向大家鞠躬道謝了。

劉雨虹　記

二〇一八年元月

62《懷師的四十三封信》

《懷師的四十三封信》出版說明

年紀大的人有許多麻煩，尤其是與文字有關的人。因為一旦整理起舊文書稿之類時，真是意外多多，有時更不知如何是好。

最近在整理舊書信時，忽然發現了南老師寫給我的四十三封信，再讀之下，許多陳年往事，甚至老師罵人的事——更有罵我的事，都在信中出現了，而那些都是早已遺忘的事了。

怎麼辦呢，許多事又重新浮上心頭……

老師給我的信，現在看來，內容意義深遠。

於是首先想到，自己年紀大了，應該把這些信交給年輕學友保管，而我們這些作編輯的人之中，以彭敬最年輕，也還不到四十歲，所以我初步想，把信交給他保管，二、三十年後，信中老師罵過的人，大概都已不在了，那時彭敬六十多歲，就可以發表這些信了。

這個想法在我心中蘊釀了一些日子，猶疑不決……那天早晨，唸完了《金剛經》，心中忽然蹦出來一個想法，天下事哪有什麼不敢公開的啊？老師罵的是跟他修學的人，學生還怕老師罵嗎？那是孺子可教啊！如果當老師的，對一個學生連責罵都放棄了，就證明這學生已不可教了

老師罵人是很有技巧的，很文雅的。老師說我「欠一着，不高明」，意思是說「你真不高明，還自覺了不起！」

不過，老師也有讚揚學生的地方，反正都是教化。

想來想去我想通了，爽性把這些信，加上我對信中的人和事的註釋，一併合起來出版，豈不是一樁很有意思的事？因為老師的信中有很多內涵，甚至他內心的感觸，無奈，以及一個文化人的一切一切……都流露無遺……

不過，請有些人放心，對於老師批評太嚴重的人，我仍然把他們的名字隱去。

劉雨虹　記

二〇一九年夏月

第三部分

其他人著述部分

63《西方神祕學》

《西方神祕學》出版前言

本書的作者朱文光博士是美國加州大學的農化博士，也是我們同學中出了名的老好人，他曾經回到他的母校——台大擔任客座副教授，現在還在美國繼續研究。

朱博士除了農化的本科之外，對神祕學的研究，以及東西方宗教哲學等有關的學識，他都具有濃厚的興趣，而且還正在不斷的探求研究之中。

現在徵得朱博士的同意，把他幾年前回國講學之餘，已經發表過的有關神祕學等文章，彙編成冊，以供讀者的需要和參考，其他有系統的專論，再待陸續出版。

（按：此書於一九七八年一月初版）

64《藏密氣功》

《藏密氣功》出版說明

近年來，氣功是海峽兩岸都極為熱門的話題，活動和著述之多，令人目不暇給。但是其中不免魚目混雜，令人有真偽莫辨之嘆。

氣功，顧名思義，是一種練功的方法，正確者，可使人祛病強身，延年益壽；若略有偏差，反足以使人受病，而不自覺。

求實出版社印行的《藏密氣功》一書，把西藏密宗氣功的修法，用現代的，科學的方法，加以整理解說，使人易於瞭解，並方便修習；外加該書文字平易，邏輯分明，是屬於難得之佳作。

本公司有鑑於此，特徵得原出版社之同意，以繁體字出版，以饗讀者。

惟有下列兩點，須提醒讀者特別注意：

（一）本書的內容，純屬練功修身的範圍，對於欲證無上菩提的心地法門，洵有欠缺。

（二）本書雖云藏密氣功，但對密宗的修氣、修脉、修明點、修拙火，僅限於門檻外層的論述，尚未登堂入室。

雖然如此，如能依之認真修行，有助強身延壽。如本公司覓得真正密宗修持的堂奧之作，再呈獻給讀者。

本書的出版有賴於求實出版社大力協助支持，並略加修訂，在此特別致謝。

劉雨虹　記

一九九一年二月

65《人性是甚麼》

《人性是甚麼》出版說明

一九九一年十二月初，北京舉辦了一個全國性人體科學學術討論會。當時參加的人數很多，提出研究報告的人士，亦皆一時學術界俊彥。筆者時恰在北京，有幸聆聽幾位專家的演講，印象深刻。其中之一就是本書作者牛實為先生，所講的題目是「意識在物理世界中的作用」。

牛先生是一個科學人，具備了數理科學的基礎，又在早歲受過貢噶上師的接引。數十年來，他把科學、唯識學及佛學結合研究，再加上密法修習的心得，故而能將意識境界與物理世界的相互關聯和影響，引「證」據典加以闡明。他的講演，似乎開啟了佛法的學術見聞，使佛法進入了科學證明的領域。

筆者離開北京前，經過人體科學研究院陳福蔭先生的安排，得以與牛教授晤面，並能將其多次講演記錄帶回台灣出版，以饗讀者。

本書介紹了許多研究，多與人類自性有關，雖是科學的，但卻像是佛法最高境界的解說。對於一些陷入迷信或虛玄中的修學佛法的人們，讀了本書可能豁然開朗，進而落實於我們生存的物理世界中。對另外一些崇拜唯物否定唯心的人們，也開啟了另一扇門，顯示了物與心兩者為一的道理。

牛教授是一個不折不扣的行者，後來幾次晤面，使人更了解他生活淡泊，卻充滿了喜樂，他的生活就是行願。

在本書付印前，牛教授又花了數月的時光，重加訂正，補充資料，並增添新篇。本書原名是「人類自性問題探索」，似略覺嚴肅，因懷師云：自性就是人性，沒有人性何來自性！故將書名定為「人性是甚麼」。

劉雨虹　記

一九九三年五月台北

66《南懷瑾談歷史與人生》

《南懷瑾談歷史與人生》出版說明

這本書是從南懷瑾先生的著述中，摘選編輯而成。編輯本書的人，是大陸資深著名記者練性乾先生。初版兩萬冊在一九九二年冬北京發行，很快銷售一空。今年（九五）春季，又經增添訂正，在上海出版，六月份已進入上海新華書店暢銷排行榜第八名了。

練氏閱讀南老著述極為深入，因感大陸的廣大讀者們，未能有緣遍閱南老著述，心生同情，起念挑選書中生動幽默精彩的章節，編集成冊，以饗讀者，更鑒於今日社會生活忙迫，使人難以抽暇閱讀，此集則可給忙碌的讀者大開方便之門。從出版後受歡迎的情況看來，練氏的構想確實有洞悉先機之妙。

筆者最先結識的，是練氏的另一半李佩珠女士，時在一九九〇年冬的北京。李女士是北京大學出身，那時擔任北京《友誼天地月報》的編輯，伉儷同在文化界活躍，傳為佳話。初次晤面，練氏就談到編輯此書的構想，不愧為資深文化人，對文化脈動有先見之明。後練氏對南老著述在大陸出版事，亦熱心支持，《老子他說》與《孟子旁通》二書之出版（一九九二年北京）亦是由他的引介而成。

這本書在北京出版後，本擬在台印行繁體字版，但考慮到有灌水出版之嫌，因而打消印行計劃。

今春上海再版此書，受到更熱烈的迴響，據行家估計，大陸應有三百萬冊的銷售潛力。同時，台港的讀者們，也爭相探詢，希望看到繁體字版。看來忙碌的人們，對於這本文摘型的書，的確有很大的需求。為此之故，又經再三研商，始有本書在台之問世。

對於練氏為這本書所貢獻的心力，在此深表謝意，而練氏的遠見，更令人欽佩。

劉雨虹　記

民國八十四年七月於台北

67《客家民俗——談贛南》

《客家民俗——談贛南》出版説明

客家人是台灣的次多數族群，在台灣也占有舉足輕重的份量。客家族有其特殊的性向，為人所稱道的是：節儉、勤勞、努力不懈。這都是中華民族的傳統美德。

當初一些中原的人們，因各種原因，或逃荒，或逃難，或逃官，離鄉別井，向南遷徙，陸續落腳集聚在江西、福建、廣東三省交界的區域。因係遠道而來的人，故被當地成為客人，客家人則由此得名。

客家人走了那麼遠的路，從中原來到贛南、閩南、粵北，他們隨身所帶行囊簡陋，但是，他們卻帶著祖宗傳承下來的禮節，典範及生活文化。這些都融合在日常生活中，也牢記在他們的心中。他們堅守著古老的習俗，謹遵著祖先的教導，不敢或忘。

本書作者蔡策先生，民國六年生於江西贛縣，是贛南的客家人。在他的幼年，深受鄉里客家文化的浸潤，記憶猶新。因鑑於現在年輕一代，對自己族群文化所知有限，故撰寫客家習俗，陸續發表於《知見》月刊。可惜將完未完之時，蔡策先生過世了。

整理集中各篇成書時，曾考慮略加補充，但最後仍決定維持其原來面貌，並按照原來所發表的次序編排。作者是以重點式撰寫的，對客家的習俗，描述詳盡，資料豐富，且文筆流暢，可讀性極高。

劉雨虹　記

民國八十六年二月

68《雍正與禪宗》

《雍正與禪宗》編者的話

三年前有一天，北京舉辦了一個「清宮佛事活動祕藏檔案史料」展覽。既是祕藏檔案，必定是少見或未見的資料。記得當天很冷，展覽的場地暖氣也不夠，但是邊走邊看，卻被這些展覽品所深深的吸引，也忘掉了寒冷。

尤其當看到許多清朝皇帝們的紅色硃批時，更有進入時光隧道，與古人共處的感覺。

最令人心動的，是看到雍正在一個禪師請安的帖子上，所批的幾個紅字：

「朕安，老徒弟你好嗎？」

這幾個字流露出人性、佛性、友情、師徒情的親切和關懷；也就是這幾個字，使我萌生了編輯本書的念頭。

北京佛教文化研究所的李家振先生，立刻贊同了我的構想，北京第一歷史檔案館的秦國經副館長，也熱烈的支持這個計劃，三方面愉快的商妥了合作。

大致的計劃是：第一歷史檔案館提供檔案資料；佛研所作初步斟選，並撰寫文字說明，老古公司再作進一步的篩選審定，和最後的編纂。

佛研所很快就繳出了一篇總論全書的文章「雍正與禪宗」，南師懷瑾先生閱後讚歎該文：「確具正見正論，為今世所少見」。後知該文為張文良先生所撰寫。張君曾獲北京人民大學哲學碩士學位，學識及文章皆屬上乘，本書各篇評述及評語註解等，皆為張君所撰，見解不凡，絕對有別於一般歷史學家。張君目前正在日本東京大學攻讀博士學位。

但在編輯的過程中，卻問題重重。最嚴重的是文字古老，又無標點，對年輕讀者必造成困難；其次是硃批多屬草體，辨認不易；再者資料的取捨也較困擾等等。幾經考慮，決定依據幾個原則編輯：

（一）重新排版並加標點，以方便讀者。
（二）選材以具代表性，以可能尚未發表者為主。
（三）有關君臣禪機問答，添加注釋並增評語——按說，禪宗公案或機鋒對答是無法評論的，但多年來，學界為研究故，多採用評論以便利讀者。這次本書也決定附庸風雅，但要特別提醒讀者的是，評語只作參考而已，不可視為定論。
（四）選擇部分雍親王時代生活中的禪話和機鋒，譯成語體。

關於雍正帝，近年來史學界已理解到雍正朝的重要性，認為他「是康乾盛世的有力推進者，是促進清朝歷史發展的政治家，是可以肯定的歷史人物。」又覺得以往對雍正的評論「不夠中肯，誣罔較多」等（馮爾康著《雍正傳》序言，商務出版）。

關於雍正的繼帝位問題，經過史料研究，對於雍正「受詔繼位的記載沒有矛盾，反映他應命嗣位的一定真實性」（《雍正傳》五十五頁）。後來種種對雍正繼位的謠傳，只不過是爭位皇子們心有不甘，蓄意誣蔑而已。

雍正是有名的抄家皇帝，曹雪芹（《紅樓夢》作者）的家就是在雍正朝被抄的。雍正登基後，大力整頓康熙晚年所形成的腐化和弊端，政治上建立了密摺制度等，史學界較新的看法是：「康熙寬大，乾隆疏闊，要不是雍正的整飭，滿清恐早已衰亡。」（楊啟樵著《雍正皇帝與密摺制度》五頁，金蘭出版）

雍正同時也是被定位於禪宗的開悟者。在禪宗的記載中，被雍正指導接引而悟道的僧人，就有六、七位之多。在國事漸步上軌道後，他就對寺廟的管理和佛教界的邪說，開始了整頓。

從這些檔案中，我們看到雍正時而慈悲多情的照顧著大家，時而怒目金剛扮演著韋陀，一切都顯現出佛法的基本入世精神。

雍正，作為一個統治者，關心到國家社會的各個層面的問題。所謂國事，包括了一切，宗教更不例外；加以佛教長久以來，在中國文化社會上，占有很大的比重，雍正以內行人的角度，切入時弊，大刀闊斧，維持了社會的次序，更使宗教回歸宗教。這是歷史上任何其他明君所望塵莫及的。

在十三年的王朝中，雍正日理何止萬機，世稱其樂於「閱奏摺而不疲」，他的硃批也是最多的。

一個作皇帝的人，為什麼會如此努力不懈呢？一個政治人物，在主理國事的嚴正立場與慈悲為懷的宗教情操之間，又如何求得那個平衡點呢？這些問題，常常都是頗費猜測的。

要了解真正的雍正，決不能忽略禪宗的因素；綜觀十三年的雍正王朝，文件硃批何止三車，但是其中仍以禪宗方面為多。在繁雜的政務外，雍正始終熱衷於禪宗的教化。他親自編撰了《雍正御錄宗鏡大綱》，把永明壽大師一百卷的《宗鏡錄》，縮編重點為廿卷；他又親自製作《御選語錄》等，至於其他有關佛法禪宗的文字，更不勝枚舉。

其實，早在登基以前，當其他皇子忙於追逐聲色、忙於爭奪皇位繼承的時候，雍正卻在致力於打坐參禪，修習定慧之學了。繼統以後，則是「生活檢樸，治事勤敏，政風極其嚴酷。」「大權獨攬，事必躬親，作事既有魄力，精神又復過人。」（陳致平著《中華通史》，黎明出版）。登上帝座的雍正，非但不勤於後宮聲色，相反的，更帶領皇子大臣及嬪妃等，打七參禪，自律嚴謹。像這樣不可思議的工作能量，除了那些有智慧成就者之外，誰能作得到呢？

由於種種跡象看來，雍正絕對是一個禪宗行者無疑了。

《莊子・大宗師》篇中提到，有人「有聖人之才而無聖人之道」；有人「有聖人之道而無聖人之才」。細究雍正，應屬既有聖人之才復有聖人之道（禪宗）的一個皇帝。

《莊子・天道》篇中又說：「夫帝王之德，以天地為宗，以道德為主，以無為為常。」能「以無為為常」的帝王，除了雍正之外，又有哪一個呢？所以說，雍正不但有聖人之才及聖人之道，他更有聖人之德。像雍正這樣一位禪宗的行者，他的一生，是以禪宗為主的，如按照佛典的說法，皇帝一事，不過是遊戲三昧罷了。

關於雍正不顧「以人天子與匹夫搏」的譏諷，與佛門釋子辯論，以維護佛法的正知正見；更不顧眾人哂笑，留道家術士在宮中煉丹，以檢驗千古相傳丹道的可信度等等之類的作為，如從禪宗立腳點來看，反而是一個明主聖君不能推卸的責任。他更囑屬下留心訪尋真正醫術高超的人士，因為在佛典中所謂修行人要具備「五明」，其中之一就是「醫方明」。也就是說，不懂醫的修行，是難成功的。

如此的雍正，如果忽略了從禪宗的角度加以衡量，必定會產生偏差；如果不了解「寧可一家哭不可一路哭」的菩薩行，就難理解雍正嚴刑峻法的道理。相信假以時日，歷史總會還給雍正一個本來面目的。

由本書所選集的一些資料中，點點滴滴可以略窺雍正的內心世界，這個兼為出世並入世的領導人，其所作所為，顯然是以利益眾生為志業的。

雍正十三年八月，在丁亥日這天的夜晚，雍正突然駕崩。他死得頗為神祕，成為清代歷史上的一樁疑案。也因此之故，坊間的臆測，野史的繪聲繪影，幾百年都是戲劇小說編織的題材。

曾有深諳佛法的人士認為，雍正當時並未駕崩，他只是像他的祖父順治一樣，安排了一切，自己躲到無何有之鄉修行去了。細細推敲，此話不無一些道理。

關於雍正與禪宗這樣的大事，本書的出版僅屬拋磚之舉，希望更多的人來參與研究的行列，使人們能真正瞭解這位帝王禪師，以及他的禪宗教化。

在編輯本書反覆閱覽資料的過程中，腦海中常常浮現出一句話，就是《金剛經》中所說的：

「若以三十二相觀如來者，轉輪聖王即是如來。」

劉雨虹　記

一九九七年五月台北

69《南懷瑾與金溫鐵路》

《南懷瑾與金溫鐵路》出版說明

本書的出版，不是為了宣揚任何人的功勳，更不是標榜任何事業的偉大，而純粹是為了一種社會責任。

任何一種長期牽動社會注意，影響大眾價值觀的事件，都屬於社會事件；這些事件的過程與結果，都應該對社會大眾公開，也就是，負起社會責任。

《南懷瑾與金溫鐵路》這本書的出版，就是基於這個社會責任的原故。

遠自七、八年前開始，媒體在港台及美國，就開始報導南懷瑾倡修金溫鐵路的消息了。此後不但常有報導，且一度謠言滿天，真假難辨，使許多人蒙受影響，也使許多事更增加了困難。

現在鐵路終於修好了，也是公開資料，向社會交代的時候了。

編記本書的侯承業博士，是美國華盛頓大學的土木工程教授，曾經實際參與金溫鐵路的許多事務。他無數次奔波於美國、香港、浙江之間，故能體會到修一條鐵路不容易，修一條與大陸合資的鐵路更是難上加難。其中最關鍵性的困擾，是意識形態與價值觀的差異。

其實，四面八方參與的人，都是勞苦功高，都是盡心盡力的；但突破重重障礙卻是大智慧。在這方面來說，浙江省參與的人士，承受的折磨更令人同情，而沿線民眾無私的奉獻，尤其令人感動。

侯承業博士多年來的工作，除教育方面外，更兼具了企業的經歷，故而深感修築金溫鐵路的資料，不但具有教育意義，並且提供了寶貴的合資經驗。這個經驗，不僅有助於大陸以外的投資者，更增進了大陸方面對外資的了解。所以，這個經驗似乎還具有文化交流的意義。

這本書不是空談或一方面的自我陳述，而是根據信函、文件、合約、會議記錄等編集而成。十年過去了，國父《建國方略》中的重要建設——金溫鐵路，終於完成了，中山先生在天之靈當可告慰了吧！

劉雨虹　記

一九九八年二月台北

70《悅心集》

《悅心集》出版說明

清世宗雍正皇帝，生前身後兩百多年間，他的名聲始終浮沉在野史外傳的陰影中。就連他登基前修學禪宗佛法的事，也被曲解為「以退為進」的手段。好在他的成就早被確認了

雍正好學成癖，努力精進，閱讀之廣，不要說諸王子兄弟無出其右者，就連諸大臣學者中，能與比美之人，亦不可多得。

他尤重自身修養，律己要求嚴格，登基後，輒以同樣高標準約束他人，難免授人以過度苛刻之話柄。

這本《悅心集》是雍正自身修養心得的選輯，也證明了他修身養性涉獵廣泛而具體。這本書對人人有益，實不可多得，更不可不讀。尤其在遭遇曲折時，可作為解惑開結的清涼劑。

劉雨虹

一九九八年九月

71《相術口訣真傳》《達摩一掌金》

《相術口訣真傳》《達摩一掌金》再版說明

在重印《相術口訣真傳》之際特增添《達摩一掌金》於後，以饗讀者。

《達摩一掌金》傳自於達摩祖師，他是中國禪宗第一代祖師。

當達摩由印度來華時（梁武帝時代），中國學佛的風氣已經很盛了，達摩在少林寺九年面壁，那時要出家為僧的人更加爭先恐後。

但是，廣大世界的各色人等，各有所長，並不是人人都適合出家修行的。達摩於是傳授了這個「一掌金」的方法，以測定來人是否適合出家為僧。

一掌金的方法很簡單，當有人來寺廟要求出家時，老和尚只須把手放在背後，問明來人的出生年月日，再掐指一算，即可知道此人是否有佛道因緣。如無佛道因緣，則勸來人放棄出家念頭，到社會上去努力奮鬥比較適合。

《達摩一掌金》是以十二生肖在十二宮為基本，並以佛法六道為原則而分類，有佛道、仙道、人道、地獄道、畜生道及阿修羅道。以人的生年、月、日、時推出所落何道，大致預測了一個人的前世，潛在性向，以推論此生的命運。

根據輪迴的理論，人們都在六道中輪轉，每一個人也都經過佛道、畜生道等。

算命也好，看相也好，幾千年流傳不息，一定有它的一些道理，可以作為參考。

相術更是識人之學，領導的人要有識人之明，社會上與人相處，更要有識人的能力，這些都離不開相術，相術也是古老彙集的經驗與智慧。

但這些雖有其道理，卻只能作為參考，不可執著，古人說七分天命三分人事，掌握了這三分，就是創造命運，改變命運的力量。

（按：此書於二〇〇一年六月初版）

72《我是怎樣學起佛來》

《我是怎樣學起佛來》編者的話

這本書的出版，與詩人周夢蝶的關係很大。

話說一年多前有一天，杭紀東邀周夢蝶和我，中午在國際會議中心二樓凱旋廳聚會，與主人同來還有陳小姐。

我們四人邊吃邊聊，不知怎的，話鋒轉到了禪七。我忽然想到，周、杭二位都是四十多年前參加過南師懷瑾先生主持的禪七，一定有些不平凡的經歷；因為在那個年代，參禪學佛的人，多是真正誠心向道的人士，而且參加的人數不多，情況自然就不同了……。

周夢蝶公案

周夢蝶立刻說了他的一段往事：

那次是在基隆十方大覺寺（估算是一九五五～一九六〇之間的某一年），參加的約有二十人左右。

禪七開始不久，南師說了一個話頭叫大家參：「無夢無想時主人公何在？」

又一天的上午，立法委員楊管北（也是復興航業公司董事長）首先說了他的答案；另有一位長者，也說了自己的心得。接著周夢蝶也說話了，那時他才三十多歲。南師聽了他的發言後，說：「古之再來人也！」。

晚上小參時，南師評論了大家，給楊管北委員的答案九十二分，另一位是八十四分。南師不再說了。周夢蝶站起來問：「老師，我得多少分？」豈知南師把兩眼一瞪，大聲喝道：「莫妄想！」。

這一喝「莫妄想」，雷電般震撼著。周夢蝶對我們說：大大的受用。（我猜，後來他的那些激盪心神的詩，都可能是這一喝的回響吧！）

周夢蝶在敘述這段往事時，模仿著南師的口氣，大喝一聲，當時驚動了餐廳中的中外客人們，紛紛轉頭向我們張望。

我太興奮了，立刻提議周夢蝶寫下來，這個故事多精彩啊……

杭紀東連忙打岔道：「把這些公案都收錄起來，編成一部《續續指月錄》才好。」於是大家更興奮了，又一同轉移到杭紀東家中（後來又有一位高君來了，他也是參加那次禪七的），繼續討論如何推動這件工作，直到晚上九點多鐘才散。

可嘆的是，四十多年了，許多人早已作古，有些人則散居海外，也有些人垂垂老矣，「續續指月錄」遂成夢幻泡影，好不泄氣！

四篇文章

那天，「老古」公司門市部小姐說，很多顧客要我們介紹學佛入門的書，不知道應該介紹什麼書？

這真是一個問題，「佛學」入門的書很多，但「學佛」入門的書卻很少。想及「續續指月錄」雖然無望，如能邀約一些學佛修行有經驗的居士們，寫出自己努力的經過，也許對初學者有些參考價值吧！於是就計劃起來。

我們邀約的原則是：投身在工作中的知識份子，在科學，企業，教育、文化等各領域的學佛修行人，他們之中頗多是有成就，有貢獻的知名人士，都是一面工作，同時又學佛修持的。

常聽人說，工作太忙，沒有時間學佛修行。從這本書中可能發覺，學佛修持反而會加強工作效率，調和人際關係。有人說：學佛的初步成果是：品格的提升，定力的穩定，智慧的增高……。

另外，本書中有四篇文章，在這裏先要略加說明；

一篇是〈美感要從內心開始培養〉，這原是不久前《天下雜誌》訪問統一企業公司總經理林蒼生的文章，可是《天下》只刊載了部分，卻刪減了有關佛法修養的幾段。本書包括的是文章全部，作者並在文前加以說明。擔任「統一」總經理的作者林蒼生，負責統一企業以及很多關係企業的經營，工作繁忙的程度，實非一般可以想像；但是他從容不迫，在企業運作中注入文化，自利利他，培養並教育大眾於無形，若非學佛有得，安能如此！有人說，現代人學佛修行，就是這樣才好。

另一篇是〈是迷是悟〉，這位作者與我們素昧平生，偶然收到他的一封長信，敘述他醉心佛法，熱烈求道的情景，他的信平實而真誠，所以刪掉無關的部分，徵得他的同意，也編入了這一本書。

無師指引的人，學佛常須加倍努力，但古來憑自己努力而悟道的，也頗不乏人。依照因果律來說，只要努力，必有收穫，功德資糧夠的，早收穫。

第三篇是〈得訣歸來好用功〉，作者杜忠誥因為特殊機緣，不久前得到南師懷瑾先生的隨機教示，他細心記下當時的經過；兩人的對話，南師的棒喝，無上的心地法門……，內容精彩震撼，使這本集子增添了另外的章節，極為珍貴。

最後一篇是〈晨晞風雨迎朝陽〉，作者杭紀東，描述四十多年前禪七的經過，參話頭起疑情時的身心狀況，山搖地動，日月無光，讀之令人神馳天外，不能自已。如此淋漓盡致的真情剖白，甚為罕見，是參禪者難得的經驗談。

敬告讀者

在此，我們也特別要提醒讀者，對於這本書不可作聖解。本書中各篇，只是學佛者自己的經歷、看法、心得。有人是學密宗的，有人是參禪的，有人是以佛入儒。大家各有自己的法門，或有師，或無師，這些個人經驗和心得，無所謂對或錯，只能作為參考而已。尤其內容中可以發現，許多人在修持過程中，不斷自我檢討、自我反省、自我肯定、再自我否定……，這，也許就是進步的必然過程吧！

人最寶貴的德行，也許就是自我檢討，自我反省。常見許多頗有所得的人，卻走入偏差之路，有人終不回頭。能自我反省的人，會再回歸正途，有師指引的，更會及早回頭，但也有些得少為足的人，雖有師指引，也不回頭。他們自以為在宏法利生，但卻在名利中浮沉而不自知，更把因果忘到了腦後，也許果報到了才會清醒，可惜，可惜。

再說這本書，相信有些篇幅仍會給讀者們一些啟示，當我看了有些描述後，忽然明白禪宗為什麼「不立文字」，藥山禪師為什麼不許弟子們看佛經，說弟子們看佛經把牛皮也會看穿。也許太努力，太抓緊佛經，文字反而成了災害和阻礙。想起了智慧與解脫，真難啊！

所以，建議讀者們，把這一本書當散文看，當傳記看，當遊記看，當閒書看，至於收穫嘛，就請不必計較了！

在擬定本書的書名時，曾有許多的討論，難下決定。那天，偶然在電話中對周夢蝶談起，他說：「忽然想起魯迅的一篇文章，篇名大概是〈我是怎樣寫起小說來〉，很有味道。」於是我們就有了現在的書名。

這本書內容次序是以來稿先後排列的，周夢蝶除外，因他與本書的特殊因緣，也由於他學佛最久，年紀最長。

劉雨虹　記

二〇二一年五月台北

73《菩提一葉》

《菩提一葉》出版前言

本書的作者李家振先生，是一個多才多藝的人，曾長期從事專業文化工作，他出身在有教養的家庭，品格高尚，談吐文雅，更有文學修養。外加個性平和，善於協調溝通，在北京佛教文化研究所時期，協調各方，貢獻甚多，而提攜協助後進，更為熱心積極。

在以往的歲月中，他也像許多人一樣，經歷過顛簸和暗潮，但人生的起伏變化，卻成為對他的陶冶和淬煉，提昇了對佛法的領悟，而能更上一層樓。

這本書是家振先生集結了多年的短篇散文而成，內容涵蓋時間頗長，範圍也廣，涉及時代人物亦多，如佛教界的大德太虛法師、茗山老法師、趙樸初居士、沙孟老，以及文化界的前輩曹禺、豐子愷等等。

最引人入勝者，內容為毛澤東、錢學森等對佛教的看法；毛氏與趙樸老有關佛法的精彩對話；趙樸老一生不同凡響的行止等。透過作者的記述，也顯現了趙樸老在身處轉變複雜的社會時，以其無上的智慧，圓融因應一切，護持正法，是真正的菩薩行。

記得筆者一次在北京適值中秋，蒙趙樸老惠贈上海玉佛寺素月餅兩盒，當看到盒上的「中秋月餅」四個字竟然是趙樸老所書，不免大吃一驚。趙老書法不凡，求字者不可計數，而樸老一視同仁，有求必應，令人感動。

家振先生文筆細膩流暢，從日常生活中說起，娓娓道來，親切自然，人文情懷，生命哲理，以及歷史痕跡，時代變遷，皆隱然若現，字裡行間又不時流露出人性的高貴光輝，讀之令人感動又歡喜，欲罷而不能。

家振先生行事多具創意，多年前即努力於佛教文化資料數字化的工作，建立電腦集存佛教影像及經典數據庫，以提供研究者的方便。

筆者於十五年前在北京結識家振先生，當時南師懷瑾先生的著述剛在大陸以簡體字發行。猶憶首愚法師多年前在北京西山閉關之舉，亦經家振先生協助溝通而得以如願。今值《菩提一葉》在台灣印行之際，略述所知，以誌出版之慶，並饗讀者。

劉雨虹　記

二〇〇五年五月台北

74《禪之旅——江西禪宗祖庭尋訪記》

《禪之旅——江西禪宗祖庭尋訪記》出版說明

本書作者古道，人稱禪客，因他非僧非俗，但熱衷學禪，積極習禪之故。

古道早年曾出家於嵩山少林寺，後又回到紅塵，雖身在家而心出家，繼續努力不斷。數年前又追隨南老師修習禪法。

不久前，聞悉江西省之禪宗祖庭，有整修為觀光之議，南師即囑古道前往探訪了解，盼能保持祖庭原貌，以維護禪文化的重要歷史遺跡。

這本書的內容，是古道的走訪報告，文中所謂老師，即指南師懷瑾先生。報告中再附加照片多幀，圖文並茂，閱之令人有親臨之感，激發了思古之幽情。

本文所訪探的祖庭，為馬祖、百丈、黃蘗、臨濟、曹洞、仰山等大禪師的道場。他們都是六祖南宗系下的大禪師，在禪宗的發展史中，居於重要的地位。其中百丈禪師創立的叢林制度，定制了「一日不作，一日不食」的自給自立的守則，正式脫離了印度僧人乞士的生活方式，展現了中華傳統的文化精神，確立了中華文化發揚禪宗的基礎與特質。

另外馬祖、曹洞、黃蘗、臨濟、溈仰等各宗派的修證徹悟各具特點，深深影響了中華文化，在哲學史上更位居要津。

雲居山道場，是洞山禪師得法弟子雲居道膺開創的，在大陸解放時，為虛雲老和尚駐錫之處，在動盪時代，虛老曾遭受嚴酷之折磨，更為眾所週知之佛門大事。

所以，江西的禪宗祖庭，在過去和現在，都是人們心中深深記憶並嚮往的青山白雲。

念及此，我們決定出版這份報告，與讀者同遊。

劉雨虹　記

二〇〇六年九月台北

75《禪之旅二——江湖歸來話禪宗》

《禪之旅二——江湖歸來話禪宗》出版說明

禪宗，這個中國文化的璀璨花朵，在歷史進展的路途中，曾經輝煌、耀眼；又在歲歲年年的流轉中，逐漸落寞，凋零……自從《禪之旅——江西禪宗祖庭尋訪記》出版後，湖面激起了漣漪……

關心禪文化的人們，注視著，企待著更多有關禪的一切。

本書作者古道，再就禪宗的開創發展，以及大師們的事跡，修持及行化等，續加敘說；亦盼年輕的一代，加入行列，瞭解我們自家特有的禪宗文化。更寄望未來，禪再度恢復閃亮，引導著我們，也照耀著全世界。

劉雨虹　記

二〇〇七年五月廟港

76《木皮散客鼓詞》

《木皮散客鼓詞》出版前言

鼓詞據信盛行於明末之後，體裁為韻文、散文相間，內容多半描述金戈鐵馬的沙場故事，間或雜以稗官野史、民間傳說，說唱形式自在豪放，不單單演述故事，更藉此發抒說唱者內心之不平。

《木皮散客鼓詞》是鼓詞重要的作品之一，為明末清初人士賈鳧西所撰。賈鳧西，名應寵，字思退，鳧西是他的號。他出生於書香世家，歷經明朝覆滅之巨變，自此悲憤厭仕，成為行走江湖的「木皮散人」，以一鼓一板流浪鄉里，街頭說書。而他的鼓詞作品中，又以《木皮散客鼓詞》最為人樂道。

短短鼓詞中，唱盡朝代更迭之淵源。談天說地，語帶詼諧，時以鄉諺、俗語出之，俚不傷雅，兼且聲韻鏗鏘，琅琅上口。更於嬉笑怒罵間，對歷史評價做出有力的辯駁，隱隱透出文人讀史那「拍碎欄杆人不知」的激憤之心。讀《木皮散客鼓詞》，不但能令人會心而笑，更足以令人低頭深思。

本書久不見傳於世，曾在台印行之刊本，至今亦均已絕版。適逢韻生君尋得善本，加以整理、輯校，並繪製生動插圖，補以人物典故，增添許多可看性。本社一本傳揚中國文化初衷，特出版此一永雋之作，與讀者分享。

（按：此書於二〇一〇年三月初版）

77《說不盡的南懷瑾》

《說不盡的南懷瑾》出版說明

二〇一〇年的九月廿日，晚餐前，七都廟港的沈遠林先生，陪著一位青年一樣的客人，前來太湖大學堂，拜訪南師懷瑾先生。介紹之下，原來是新到任的七都書記查旭東先生。

晚餐桌上，查書記對南師說民風，談見聞，說理想，談工作，流露出的是熱誠又理性，令人印象深刻。南師則頻頻點頭稱許。

查書記一行離去後，南師說，這是一個正直而且有見解的人，不落俗套。地方有這樣的官員，我們有福了，這也是國家之福。

在南師生前走後的六七年中，查書記親歷了一切，他的正派守法又通情的處理和作為，在他所寫的這本書中，隨處可見。書中除了忠實描述與南師交往的種種一切外，更顯露了對南師的深深情感，書中言辭行文更真切自然，引人入勝。

這是一本另外角度談南師的書，讀者有福了。

劉雨虹　記

二〇一六年十二月耶誕夜

南懷瑾文化出版相關著作

2014年出版

南師所講呼吸法門精要
劉雨虹／彙編

孟子與盡心篇
南懷瑾／講述

東拉西扯——說老人，說老師，說老話
劉雨虹／著

雲深不知處：南懷瑾先生辭世週年紀念
劉雨虹／編

禪海蠡測
南懷瑾／著

禪海蠡測語譯
南懷瑾／原著，劉雨虹／語譯

孟子與滕文公、告子
南懷瑾／講述

太極拳與靜坐
南懷瑾／講述

2015年出版

點燈的人：南懷瑾先生紀念集
東方出版社編輯群／編

金粟軒紀年詩
南懷瑾／原著，林曦／注釋

話說中庸
南懷瑾／著

孟子與萬章
南懷瑾／講述

2017年出版

瑜伽師地論 聲聞地講錄（上下）
南懷瑾／講述

靜坐修道與長生不老
南懷瑾／著

圓覺經略說
南懷瑾／講述

答問青壯年參禪者
南懷瑾／講述

說不盡的南懷瑾
查旭東／著

說南道北：說老人 說老師 說老話
劉雨虹／著

南懷瑾與楊管北
劉雨虹／編

禪、風水及其他
劉雨虹／著

如何修證佛法（上下）
南懷瑾／講述

藥師經的濟世觀
南懷瑾／講述

懷師之師：袁公煥仙先生誕辰百卅週年紀念
劉雨虹／編輯

我的故事我的詩
南懷瑾／講述

2016年出版

孟子與離婁
南懷瑾／講述

孟子與公孫丑
南懷瑾／講述

對日抗戰的點點滴滴
南懷瑾／口述

孟子旁通
南懷瑾／講述

大圓滿禪定休息簡說
南懷瑾／講述

我說參同契（上中下）
南懷瑾／講述

人生的起點和終站
南懷瑾／講述

孔子和他的弟子們
南懷瑾／講述

漫談中國文化：企管、國學、金融
南懷瑾／講述

跟著南師打禪七：一九七二年打七報告
劉雨虹／編

2018年出版

洞山指月
南懷瑾／講述

百年南師——紀念南懷瑾先生百年誕辰
劉雨虹／編

新舊教育的變與惑
南懷瑾／著

禪與生命的認知初講
南懷瑾／講述

易經繫傳別講（上下）
南懷瑾／講述

道家密宗與東方神祕學
南懷瑾／著

中醫醫理與道家易經
南懷瑾／講述

2019年出版

花雨滿天維摩說法（上下）
南懷瑾／講述

金剛經說甚麼（上下）
南懷瑾／講述

懷師的四十三封信
劉雨虹／編

2020年出版

禪宗新語
南懷瑾／著

楞嚴大義今釋
南懷瑾／著

皇極經世書今說——觀物篇補結
閆修篆／輯說

懷師的四十八本書
劉雨虹／著

懷師的四十八本書

建議售價・280元

作　　者・劉雨虹

出版發行・南懷瑾文化事業有限公司
網址：www.nhjce.com

代理經銷・白象文化事業有限公司
412台中市大里區科技路1號8樓之2（台中軟體園區）
出版專線：（04）2496-5995　傳真：（04）2496-9901
401台中市東區和平街228巷44號（經銷部）
購書專線：（04）2220-8589　傳真：（04）2220-8505

印　　刷・基盛印刷工場

版　　次・2020年6月初版一刷

設計編印 白象文化
www.ElephantWhite.com.tw
press.store@msa.hinet.net
總監：張輝潭　專案主編：吳適意

國家圖書館出版品預行編目資料

懷師的四十八本書／劉雨虹著. --初版.一臺北市：
南懷瑾文化，2020.6
　面：　公分
ISBN 978-986-96137-7-4（平裝）
1.南懷瑾 2.個人著述目錄
011.08　　109000998